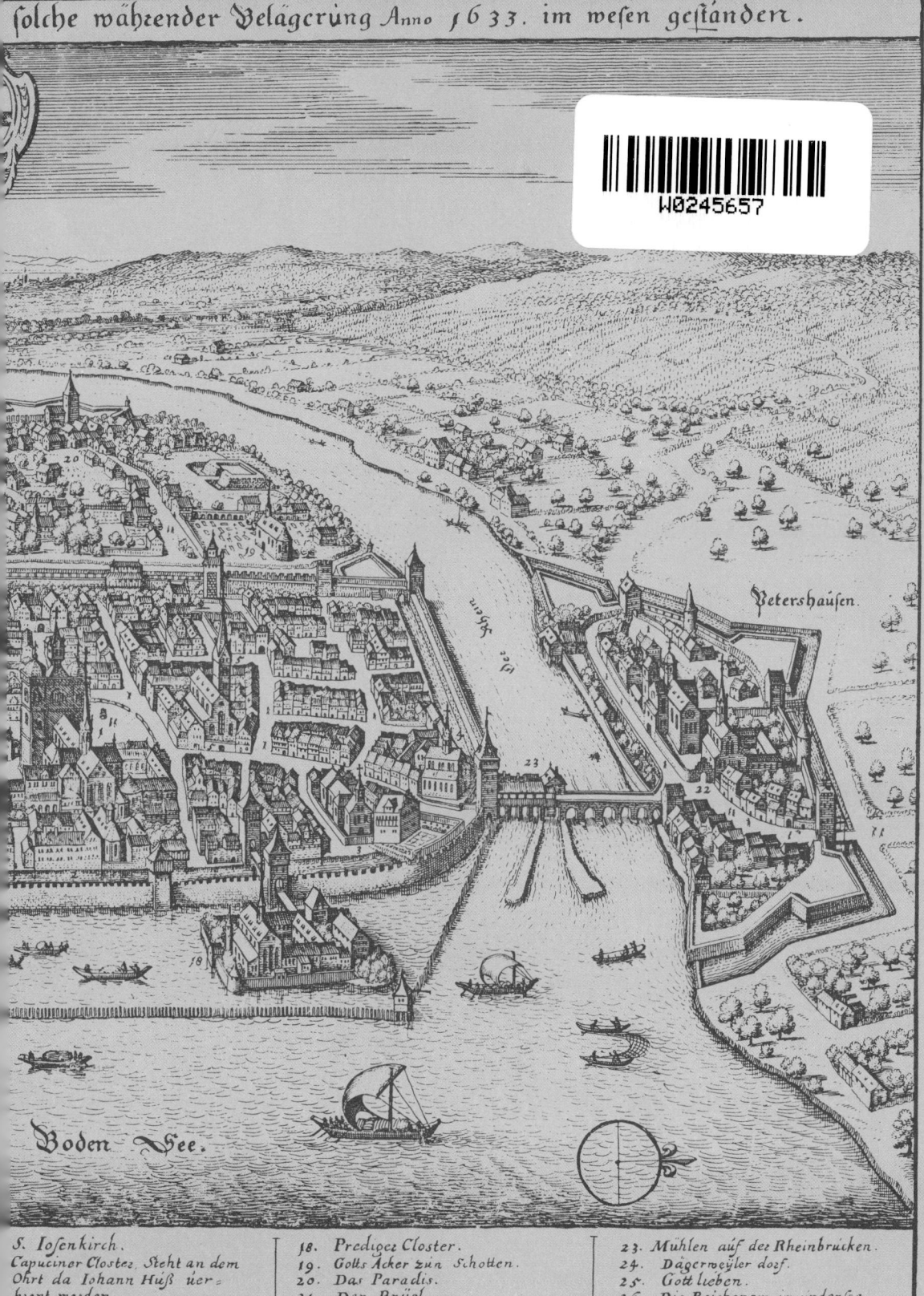

Petershauſen.

Boden Dee.

S. Ioſenkirch.
Capuciner Cloſter. Steht an dem
Ohrt da Iohann Hüß uer-
brent worden.
Kreützlingen Cloſter ſo nach der
belägerung geſchleifft worden.

18. Prediger Cloſter.
19. Gotts Acker zün Schotten.
20. Das Paradis.
21. Der Brüel.
22. Petershauſen.

23. Mühlen auf der Rheinbrucken.
24. Dägerweyler dorf.
25. Gott lieben.
26. Die Reichenam im underſee.
27. Caſtelen.

Dieses Buch gehört:

_____

_____

Das Kochbuch aus Baden

Gesammelt, aufgeschrieben und ausprobiert von
Kurt Nagel und **Ulrike Brommer**

verlegt von
Wolfgang Hölker

ISBN: 3-88117-319-6
VVA-Nr.: 280/00319-0
© Copyright 1982 by Verlag Wolfgang Hölker
Martinistraße 2, D-4400 Münster
Alle Rechte vorbehalten, auch auszugsweise
Printed in Germany by Druckhaus Cramer, Greven
Imprimé en Allemagne
Buchbinderische Verarbeitung: Klemme & Bleimund,
Bielefeld
Musterschutz angemeldet beim Amtsgericht Münster

Inhalt

Baden – die kulinarische Oase Deutschlands

Als Deutschland noch ein kulinarisches Entwicklungsland war, da galt
Baden bereits als ein Musterländle der Feinschmecker. „Ein klein, aber
ganz fruchtbar Ländlin, darin gut Wein und ziemlich Korn wächst",
lobte schon vor 400 Jahren Sebastian Münster das Land – und der Bie-
dermeier-Reisende Carl Julius Weber meinte: „Baden ist ein gesegnetes
Land, das alles hat, was der Mensch braucht, um reich, glücklich und zu-
frieden zu seyn…"

Das badische Land erstreckt sich von Mannheim gen Süden hin, entlang
des Rheins bis an die Schweizer Grenze, reicht zum Bodensee hinüber –
auch der Mittel- und Hochschwarzwald gehören teilweise dazu. Seine
nördlichste Grenze bildet die Stadt Wertheim am Main. Geographisch
bedingt sowie durch die unmittelbare Nachbarschaft zweier kulinarisch
bedeutender Länder wie Frankreich und die Schweiz, gewinnt Baden damit seine Eigentümlichkeit. Das Gebiet ist gekennzeichnet durch eine
ausgewogene Landschaft und durch Fruchtbarkeit – der Wald bietet
das Wild, Flüsse, Bäche und Seen einen enormen Fischreichtum
und die im Westen steil abfallenden Hänge am Oberrhein liefern einen
überall begehrten Wein – es ist wahrlich ein Paradies zu nennen.

Die Einmaligkeit der Landschaft aufgrund seiner günstigen Lage hat sich
auch auf die Speisekarte Badens ausgewirkt. Eine gute Küche ist der
Spiegel des Reichtums einer Landschaft, denn letztlich sind regionale
Spezialitäten aus den bodenständigen Gerichten der jeweiligen Gegend
entstanden. Der einzigartige Zusammenklang von Landschaft, Brauch-
tum und Klima, von Küche und Keller, verleihen Baden das eigentliche
Gepräge und den ihm eigenen Zauber.

Die badische Küche – einesteils verankert in die klimabedingten Erträge
des Landes, jedoch auch angeregt und veredelt durch kulinarische Ein-
flüsse aus dem Elsaß, der nahegelegenen Schweiz sowie durch die bekannte Wiener Küche (einstmals lag Baden am Rande Vorderöster-
reichs) – ist eine Küche mit Tradition und Anpassung. Es muß wohl die
heilige Pflicht der Badener sein, alles, was die Schöpfung ihnen in Wald,
am Feld, im Garten, im Wasser, in der Luft und an den Reben zum Ge-
nuß anbietet, in seiner reinsten und kulinarisch hochwertigsten Form
auf den Tisch zu bringen. Baden, das schmale Gebiet zwischen Schwarzwald und Vogesen, wird in der Geschichte als ein Land charakterisiert,

in welchem Essen und Trinken als Wert des Lebens ganz obenan stehen. Manch Zugereistem mag diese Hierarchie verblüffen, weil er nirgends sonst kulinarischen Lebensgenüssen mit derartiger Über-Betonung begegnet.

Das Geheimnis der gelungenen Küchenführung in Baden ist jedoch die besondere Sorgfalt, das Verständnis und die Liebe, die der Essenszubereitung zugewendet werden. Die große Fruchtbarkeit des Landes mit seinem reichen Ertrag an landwirtschaftlichen Erzeugnissen ermöglicht eine Vielfalt und Abwechslung im Speiseplan der Badener, wie man sie in nur wenigen deutschen Gebieten vorfindet.

Der Nordostzipfel Badens, das Bauland, ist das Erzeugungsgebiet des Grünkorns, dem badische Rezepte recht häufig Referenz erweisen. Wer konnte sich früher ein badisches Sonn- und Festtagsessen ohne die berühmte Grünkernsuppe mit Markklößchen denken? Ein allwöchentliches Grünkerngericht war den Badenern einst nationale Volkspflicht. In Nordbaden zeigt sich im Frühjahr der Schwetzinger Spargel als Beherrscher der Speisekarte allerorts. Die Zubereitung mit einer Rahmsoße zu Pfannkuchen und Schinken ist eine geschätzte badische Spezialität. Im Neckarvorland und der klimabegünstigten Rheinebene folgt dem Spargel schon sehr bald eine Fülle von jungen, zarten Gemüsen und köstlichen Früchten, die gekocht und roh zubereitet den Badenern eine alltägliche Selbstverständlichkeit sind.

Im Gegensatz zu der angrenzenden schwäbischen Küche, liebt man in der badischen Küche das Gemüse nicht so sehr mit einer Einbrenne angedickt, sondern mit Rahm oder nur leicht in Butter geschwenkt. Mangold, eine weniger bekannte Gemüseart, dessen breite Blattrippen wie Spargel, das übrige Blatt jedoch wie Spinat zubereitet wird, findet man hauptsächlich nur in Baden. Die Kartoffel – sonst mehr von den beliebten „Badischen Nudle" verdrängt – erfährt vielbeachtete Verwendung in der Zubereitung als „Schupfnudel", einer badischen Eigenart. Neben dem Gemüse- und Obstreichtum des Unterlandes findet man hier auch einen Fischreichtum, der die vielfältigsten Zubereitungsarten von Fischen zuläßt. Hecht nach Badener Art, Forellen in vielerlei Variationen, Rheinaal und Bodenseefelchen sind von solchem Wohlgeschmack und entsprechen so recht dem lebens- und genußfrohen, aufgeschlossenen Volk des Badener Landes.

Nicht wegzudenken aus der badischen Küche sind ihre so unvergleichlichen Soßen. Überall begegnet man dem unverwechselbaren Duft von erhitztem Wein mit Sahne. Der Ruhm ihrer Rahmsoßen ist alt – bodenständig wie die Reben des Landes. Und diese sind es, die Baden letztlich für den Feinschmecker zum Inbegriff des Genusses werden ließ. Die köstlichen Tropfen, die im südlichsten und sonnigsten Teil unseres Landes reifen, zählen zu den Spitzenweinen der Welt. Schon die Römer befanden den Boden für gut, um darauf den Weinstock anzusiedeln. Nach ihnen führten erst die Klöster, dann die Landesfürsten diese Tradition fort. Baden – auch ein Weinland, in welchem jede Rebsorte optimale Voraussetzungen findet. So kann sie ihr besonderes Aroma, ihre Eigenart zur Vollkommenheit entfalten.

Hans Matt-Willmatt charakterisierte das Badische Rebland und seine Mädchen wie folgt:

Maidli vom Rebland
Jumpfere sin das
mit Chrüüselihoor,
rosigi Bäckli
un Äugli so chlor.

Si trage gattig
g'wüß 's allerschöscht G'wand
die suferi Tracht
vom Markgräflerland.

Hän sie au Hörner,
si hörnle di nit,
will e ne 's Bös si
nit stoht un nit lit.

Blitzufer sin si
wie vom Herrgott g'macht,
lueg, wiene 's Härz
us de Äugli lacht.

I mein grad, si sin
wie urige Wii,
's chönne bloß Maidi
vom Rebland so si.

Die Rezepturen, deren Zutaten meistens für vier Personen fixiert wurden, sollen einen Einblick in die Vielfältigkeit der Badener Küche geben. Hausfrauen und Hobbyköche werden beim Ausprobieren feststellen, daß die heute so hochgelobte Neue Küche mit ihren Anforderungen an Frische und Qualität der Produkte und ihre schonende, den Eigengeschmack in den Vordergrund stellende Zubereitung in Baden schon immer praktiziert wurde. Die Gründe hierfür liegen vor allem in dem befruchtenden Einfluß der elsässischen und schweizerischen Küche mit ihren reputierten Küchenchefs, deren Wissen und Können zu allen Zeiten die Kunst des Kochens weit über die Landesgrenzen hinaus prägte. Gerade heute tragen sie entscheidend dazu bei, daß Baden die kulinarische Oase Deutschlands schlechthin ist.

Suppen

St. Blasien

Mit Markklößchen wird's eine Sonntagssuppe!

Grünkernsuppe

100 g Grünkerne, 2 Eßlöffel Butter, 1 1/2 l Knochenbrühe, Schnittlauch, 1 Eigelb, Weißbrotscheiben

Die Grünkerne werden gemahlen, in heißer Butter gelb geröstet und mit etwas Brühe abgelöscht. Unter häufigem Zugießen von Brühe werden sie 3 bis 4 Stunden gekocht. Suppe durch ein Sieb streichen und die restliche Brühe zugießen. Nochmals gut aufkochen und mit einem Eigelb legieren. Man reicht dazu „gebähte Weckschnitten" (Weißbrotscheiben, getoastet) und bestreicht sie mit Schnittlauchröllchen.

Kartoffelsuppe mit „Krachele"

750 g Kartoffeln, 4 Möhren, 150 g grobe Leberwurst, 1 1/2 l Fleischbrühe, 2 Zwiebeln, Petersilie, 2 Eßlöffel Butter, 4 Scheiben Schwarzbrot, Salz, Majoran, Safran

Zwiebeln und Petersilie klein schneiden und in heißer Butter hell dünsten. Mit der Fleischbrühe ablöschen. Die kleingeschnittenen Kartoffeln und Möhren dazugeben und weich dünsten. Leberwurst zerkleinern und unterrühren, dann mit Salz und Majoran abschmecken. Brot in Würfel schneiden und in etwas Butter knusprig rösten. Mit Safran bestreuen und erst kurz vor dem Servieren in die Suppe geben.

Badische Kartoffelsuppe

500 g mehlige Kartoffeln, 1 1/2 l Knochenbrühe, 1 Zwiebel, 1 große Karotte, 1/2 Sellerieknolle, 3 Eßlöffel Butter, 2 Brötchen, Petersilie

Gemüse vorbereiten und in dünne Scheiben schneiden. Die Zwiebel in Scheiben schneiden und in Butter angehen lassen. Kartoffelwürfel und Gemüse zugeben, leicht würzen und im eigenen Saft ca. 10 Minuten dämpfen. Die Hälfte der Brühe zugießen und alles leicht köcheln lassen, bis die Kartoffeln gar sind. Alles durch ein feines Sieb streichen, mit der restlichen Flüssigkeit auffüllen und zum Kochen bringen. In der Zwischenzeit Brötchen in Würfel schneiden und in der restlichen Butter knusprig rösten. Brötchenwürfel auf die heiße Suppe streuen und diese mit gehackter Petersilie servieren.

Schnittle-Suppe

250 g Bauernbrot, 250 g gekochte Kartoffeln, 1 1/2 l Knochenbrühe, Butterschmalz und 2 große Zwiebeln oder 1/4 l Sahne

Von dem Brot kleine, dünne Schnittchen abschneiden und in eine vorgewärmte Suppenschüssel geben. Darauf die geschälten Kartoffeln dünn rädeln. Mit kochender Knochenbrühe übergießen und das Ganze mit in Butterschmalz gerösteten Zwiebelwürfeln abschmälzen. Die Suppe kann aber auch mit süßem Rahm verfeinert werden.

Badische Zwiebelsuppe

500 g Zwiebeln, 100 g Butter, 1 1/2 l Fleischbrühe, 4 Scheiben Weißbrot, 1 Eßlöffel Butter, 1/8 l Weißwein, Schnittlauch

Zwiebeln fein schneiden und in Butter hell dünsten. Mit der Fleischbrühe aufgießen und gut 15 Minuten köcheln lassen. Weißbrot in kleine Würfel schneiden und in Butter knusprig rösten. Suppe mit Weißwein verfeinern und mit den Weißbrotwürfeln und etwas gehacktem Schnittlauch garniert servieren.

Passierte Zwiebelsuppe

8 große Zwiebeln, 3 Eßlöffel Butter, 1 1/2 l Rindfleischbrühe, Salz, Pfeffer, Muskat, Mehl, 2 Eßlöffel saure Sahne, Schnittlauch

Zwiebelscheiben in einem Topf in der heißen Butter anbraten und leicht mit Mehl bestäuben. Unter ständigem Rühren goldbraun anrösten. Nach und nach mit Fleischbrühe ablöschen. Restliche Brühe auffüllen und bei milder Hitzezufuhr ca. 20 Minuten köcheln lassen. Danach durch ein sehr feines Sieb streichen (passieren) und nochmals aufkochen. Mit Salz, frischem Pfeffer und wenig Muskat würzen und mit der Sahne verfeinern. Vor dem Servieren mit kleingeschnittenem Schnittlauch bestreuen.

Flädlesuppe

1 1/2 l Rindfleischbrühe, 1/4 l Milch, 200 g Mehl, Salz,
2 Eier, 1/8 l Mineralwasser, Schmalz zum Ausbacken,
2 Eßlöffel Schnittlauchröllchen

Aus Milch, Mehl, Salz, Eiern und Mineralwasser einen Teig herstellen und daraus sehr dünne Flädle (Pfannkuchen, durch die man hindurchsehen kann) in heißem Schmalz ausbacken. Die Flädle heiß aufrollen und erkalten lassen. In feine Streifen schneiden, in eine vorgewärmte Suppenschüssel geben und mit der heißen Fleischbrühe übergießen. Frischen Schnittlauch daraufstreuen und sofort heiß servieren.

gab's früher
immer als
Krankenkost

Gebrannte Mehlsuppe mit „Böllele"

100 g Mehl, 30 g Butter, 1 Zwiebel, 1 1/2 l Rindfleischbrühe, 1 altbackenes Brötchen

In heißer Butter das Mehl hellbraun rösten, die sehr fein geschnittene Zwiebel zugeben und mit Fleischbrühe ablöschen. Glattrühren und mit der restlichen Brühe auffüllen. Suppe 2 bis 3 Stunden leicht köcheln lassen, bis sie ein glänzendes Aussehen hat. Brötchen in Würfel schneiden und in etwas Butter knusprig anrösten. Vor dem Servieren über die Suppe streuen.

Riebele-Suppe

1 1/2 l kräftige Rindfleischbrühe, 250 g Mehl, 2 Eier, 1 Eigelb, Salz, Schnittlauch

Aus Eiern, Mehl und etwas Salz einen festen Teig herstellen. Diesen auf einem feinen Reibeisen immer nach einer Seite reiben. Nachdem die „Riebele" etwas abgetrocknet sind, kommen sie in die kochende Fleischbrühe, in der sie noch knapp 5 Minuten aufgekocht werden. Vor dem Servieren mit Schnittlauchröllchen bestreuen.

Metzelsuppe

1 1/2 l Fleischbrühe, 2 Leber- und 2 Blutwürste, 1 große Zwiebel, Schweineschmalz, Salz, Pfeffer, Muskat, Majoran, 4 Scheiben frisches Bauernbrot, Schnittlauch

Zwiebel in feine Streifen schneiden und in Schweineschmalz anrösten. Mit Fleischbrühe aufgießen und die vom Darm befreiten Würste in die Flüssigkeit geben. Aufkochen und mit den angegebenen Gewürzen kräftig abschmecken. Während die Suppe leicht weiterköchelt, das Brot in Würfel schneiden und in Schmalz oder Butter rösten. Über die Suppe geben und mit Schnittlauchröllchen servieren.

„Wir haben heut' nach altem Brauch
ein Schweinchen abgeschlachtet;
der ist ein abgefeimter Gauch,
wer solch ein Fleisch verachtet.

So säumet denn, ihr Freunde, nicht,
die Würste zu verspeisen,
und laßt zum würzigen Gericht
die Becher fleißig kreisen!"

aus: Ludwig Uhlands' Metzelsuppen Lied

15

Markklößchensuppe

*1 1/2 l Rindfleischbrühe, 50 g Mark, 50 g Butter, 2 Eier, 50 g
Semmelbrösel, 1 Eßlöffel in Butter gedämpfte, gehackte
Zwiebeln, Salz, Pfeffer, Muskat, Petersilie*

Rindermark mit einigen Tropfen Wasser kneten, bis es weiß und ansehnlich ist. Mit der Butter schaumig rühren und die Eier, Semmelbrösel und Gewürze untermengen. Zwiebelwürfel vorsichtig unterheben und aus der Masse kleine runde Klößchen formen.

Einen Liter Salzwasser zum Kochen bringen, die Klößchen einlegen und etwa 6 – 8 Minuten leicht ziehen lassen. Fleischbrühe erhitzen, darin die Markklößchen mit gehackter Petersilie bestreut servieren.

Fleischknöpfle-Suppe

*1 1/2 l Knochenbrühe, 500 g Kalbsbrät, 4 eingeweichte
Brötchen, 2 große Zwiebeln, 2 Eßlöffel Butter, 2 Eßlöffel gehackte frische Kräuter der Saison, Salz, Pfeffer
aus der Mühle, Muskat, 2 Eier, Schnittlauch*

Zwiebeln sehr fein schneiden und in Butter glasig dünsten. Brät, die gut ausgedrückten Brötchen, die gedämpften Zwiebeln und die Kräuter vermischen und mit 2 Eiern binden. Mit den Gewürzen pikant abschmekken und kleine Klößchen aus der Masse formen. Diese werden in der kochenden Brühe ca. 5 – 7 Minuten bei mäßiger Hitzezufuhr gegart. Sehr heiß mit Schnittlauchröllchen servieren.

Nudelsuppe mit Rindfleisch

500 g Brustkern (oder Überzwerch), Suppenknochen, Suppengrün, 250 g breite Suppennudeln, Schnittlauch

Knochen waschen und in kaltem Salzwasser zustellen. Einmal aufkochen und Schaum abschöpfen. Fleisch zugeben und eine knappe Stunde leicht köcheln lassen. Suppengrün putzen und noch zehn Minuten mitkochen. In der Zwischenzeit die Suppennudeln in kochendes Salzwasser geben, etwas Öl zusetzen und garen (sie sollten noch Biß haben). Über ein Sieb schütten und abschrecken. Fleisch aus der Brühe nehmen, kurz ruhen lassen und in kleine Würfel schneiden (Fett erst jetzt entfernen!). Suppengrün in feine Streifen schneiden. Fleischbrühe über ein Sieb geben und, falls nötig, Fett abschöpfen. Brühe aufkochen, Nudeln dazugeben und das Fleisch mit dem Suppengrün unterheben. Suppe in einer vorgewärmten Schüssel mit Schnittlauchröllchen garniert zu Tisch bringen.

Könnde Kurti, jeden Tag essen!

Nudelsuppe mit Huhn

1 kleines Suppenhuhn, 250 g Suppennudeln, Salz, Muskat, Schnittlauch

Reichlich Salzwasser zum Kochen bringen und das vorbereitete Suppenhuhn etwa 1 1/2 bis 2 Stunden darin garen. Herausnehmen und abtropfen lassen. Brühe durch ein Sieb geben und eventuell Fett abschöpfen. Das erkaltete Huhn vom Fleisch befreien, das Hühnerfleisch in Würfel schneiden und in die Brühe geben. Zwischenzeitlich Suppennudeln in reichlich sprudelndem Salzwasser kochen, über ein Sieb schütten und abschrecken. Nach dem Abtropfen in die Suppe geben. Gegebenenfalls mit Salz und Muskat nachwürzen und mit Schnittlauchröllchen servieren.

17

Grießklößchensuppe

1 1/2 l kräftige Fleischbrühe, 50 g Grieß, 30 g Butter, 1 Ei, Salz, Muskat, Petersilie

Die weiche Butter schaumig rühren, dann das Ei unterschlagen und anschließend Grieß, Muskat und Salz zugeben. Eine Zeitlang kalt stellen. Nun mit zwei Teelöffeln ovale Klößchen formen und in die kochende Brühe legen. Die Grießklößchen sollten ungefähr 5 Minuten kochen, dann noch weitere 15 bis 20 Minuten ziehen. Suppe in eine vorgewärmte Schüssel geben und mit feingehackter Petersilie bestreuen.

Hirnsuppe

400 g Kalbshirn, Kalbsknochen, Suppengrün, 4 Schalotten, 3 Eßlöffel Butter, Mehl, 1/8 l Sahne, 1/8 l herber Weißwein, 2 Eigelb, Petersilie

Aus Kalbsknochen und dem Suppengrün eine Fleischbrühe bereiten. Hirn blanchieren, häuten und grob hacken. Die Schalotten sehr fein schneiden und in der heißen Butter leicht andünsten. Mit Mehl bestäuben und etwas Farbe nehmen lassen. Mit der Fleischbrühe ablöschen und glattrühren. Etwa 20 Minuten durchkochen lassen, dann das Hirn zugeben und einige Minuten in der Suppe ziehen lassen. Mit Sahne verfeinern und mit dem Wein abschmecken. Eventuell noch mit Muskat würzen. Suppe erst kurz vor dem Servieren mit den Eigelb legieren und mit feingehackter Petersilie bestreuen.

Spargelsuppe, badische Art

500 g Spargel, (Suppenqualität), 50 g Butter, Mehl, 1 kg
Kalbsknochen, 1/8 l Sahne, 1 Eigelb, Petersilie

Aus den Kalbsknochen eine Fleischbrühe herstellen. Den Spargel schälen und die Köpfe (ca. 3 cm) von den Stangen trennen. Die verbleibenden Stangen im Mixer fein pürieren; man kann sie aber auch weich kochen und durch ein Sieb streichen. Aus Butter und Mehl eine feine Mehlschwitze herstellen, mit der Knochenbrühe aufgießen und gut durchkochen lassen. Die Spargelköpfe zugeben und garen. Nun das Spargelpüree unterziehen, nochmals aufkochen und mit Sahne abschmecken. Vor dem Servieren die Suppe mit dem Eigelb legieren und mit gehackter Petersilie bestreuen.

Schwetzinger Spargelcrèmesuppe

750 g Suppenspargel, 2 Eßlöffel Butter, Mehl, Milch,
1/4 l Sahne, 2 Eßlöffel saurer Rahm, 2 Eigelb, Butter

Spargel schälen und in mundgerechte Stücke schneiden. In leicht gesalzenem Wasser garen und über ein Sieb geben. Spargelbrühe auffangen. Aus Butter und Mehl eine helle Mehlschwitze herstellen, mit dem Spargelwasser ablöschen, glattrühren und gut durchkochen. Mit einer Tasse Milch aufgießen und die Spargelstücke der Suppe zugeben. Sahne und Rahm mit etwas Suppe mischen und mit einem Schneebesen einrühren. Ein nußgroßes Stück Butter zergehen lassen und mit den Eigelb legieren. Nicht mehr aufkochen und sofort servieren.

Leberklößchensuppe

200 g Rindsleber (püriert), 75 g Butter, 2 kleine Eier,
Salz, Pfeffer, Majoran, 4 Eßlöffel Semmelbrösel, 1 1/2 l
Fleischbrühe, Schnittlauch

Leber mit der weichen Butter schaumig rühren und die Eier dazugeben. Mit Salz, Pfeffer und Majoran würzen und mit den Semmelbröseln zu einem nicht zu festen Teig vermischen. Gleichmäßig große Klößchen formen und in kochendem Salzwasser ca. 15 Minuten ziehen lassen. Leberklößchen herausnehmen und in die heiße Fleischbrühe legen. Mit Schnittlauchröllchen bestreut servieren.

Knöpflesuppe

*250 g Fleischwurst, 1 Zwiebel, 2 Eßlöffel Butter, 1 1/2 l
kräftige Fleischbrühe, 100 g Mehl, 1 Ei, 1/2 Teelöffel Salz,
1/2 Tasse Wasser, Petersilie*

Aus Mehl, Ei, Wasser und Salz einen nicht zu festen Spätzleteig herstellen und ruhen lassen. Wurst in kleine Würfel schneiden, Zwiebel sehr fein hacken und in der heißen Butter andünsten. Wurstwürfelchen zugeben und kurz mitbraten. Diese Masse unter den Teig heben und kräftig durchschlagen. Fleischbrühe erhitzen und Teigmasse in die kochende Brühe schaben. Einige Minuten leicht ziehen lassen und abschmecken. Suppe in eine vorgewärmte Schüssel füllen und mit feingeschnittener Petersilie servieren.

Badener Grießsuppe

50 g Hartweizengrieß, 1 l Knochenbrühe, 50 g durchwachsener Speck, Salz, Pfeffer, 1 Möhre, 1 kleine Stange Lauch, 2 kleine Zwiebeln, 2 Eßlöffel Butter, 2 Eßlöffel Crème fraiche, Petersilie

Den Speck in feine Würfelchen schneiden und in einem Topf auslassen. Grieß zugeben und unter häufigem Wenden hellbraun anrösten. Mit der Brühe aufgießen und mit Salz und Pfeffer würzen. Gut durchkochen und bei geschlossenem Topf eine halbe Stunde köcheln lassen. In der Zwischenzeit Gemüse in Würfel schneiden, in Butter dünsten und unter die Suppe rühren. Noch etwa 15 bis 20 Minuten mitköcheln lassen. Kurz vor dem Servieren die Suppe mit Crème fraiche verfeinern und mit feingehackter Petersilie bestreut servieren.

Pilzcrèmesuppe

500 g frische Pilze der Saison, 1 Zwiebel, 3 Eßlöffel Butter, Salz, Pfeffer, Mehl, 1 l Knochenbrühe, 1/8 l Sahne, Saft einer halben Zitrone, Petersilie

Pilze vorbereiten und feinblättrig schneiden. In einem Teil der Butter die feingeschnittenen Zwiebelwürfel angehen lassen, die Pilze zugeben und mit Salz und frisch gemahlenem Pfeffer würzen. Das Ganze kurz dünsten, mit Mehl bestäuben und mit der Brühe ablöschen. Gut durchkochen und ziehen lassen. Vor dem Anrichten die Suppe mit Sahne verfeinern, mit Zitronensaft abschmecken und die restliche Butter unterrühren. In einer vorgewärmten Suppenschüssel mit feingehackter Petersilie servieren.

Bühler Pflaumensuppe

250 g Pflaumen, 2 Eßlöffel Zucker, 1/2 l Bühler Rotwein, 2 Gewürznelken, Zitronenschale, 2 Päckchen Vanillinzukker, 3 Eßlöffel Sago, 2 Eßlöffel Johannisbeergelee, 1 Eßlöffel Stärke

Die gewaschenen Pflaumen halbieren, entsteinen und mit Zucker bestreuen. Wein mit 1/2 l Wasser, den Gewürznelken, der dünn geschälten Zitronenschale und dem Vanillinzucker aufkochen. Sago darin quellen lassen, Johannisbeergelee unterrühren sowie die in Zucker eingelegten Pflaumen. Suppe noch einige Minuten köcheln lassen, dann die in etwas kaltem Wasser angerührte Stärke unterziehen. Mit dem Schneebesen rühren, bis die Suppe eine dickliche Konsistenz erhält. Diese Suppe kann warm oder abgekühlt serviert werden.

Notizen & weitere Rezepte:

Notizen & weitere Rezepte:

fig. 2   **Knöpfle, Nudle,**

Spätzle und andere gute Sachen

Baden-Baden um 1860

Hefeknöpfle

*500 g Mehl, 1/4 l Milch, 50 g Butter, 40 g Hefe, 1 Ei, 1 Prise
Salz und Zucker, Butter und Semmelbrösel*

Aus Hefe, etwas lauwarmer Milch, etwas Mehl und der Prise Zucker in
einer kleinen Schüssel einen Vorteig herstellen, verrühren und zugedeckt an einem warmen Ort gehen lassen. Die restlichen Zutaten in einer
großen Schüssel mischen, den Vorteig zufügen und alles zu einem Teig
verarbeiten. Mit einem sauberen Geschirrtuch bedecken und nochmals
etwas gehen lassen. Nun mit bemehlten Händen ca. 10 kleine Knödel-
chen formen, die kurz ruhen müssen und dann in kochendes Salzwasser
eingelegt werden. 20 Minuten ziehen lassen. Die Semmelbrösel in heißer Butter anrösten und über die fertigen Knöpfle geben.

Badische Knöpfle

*500 g Mehl, 6 Eier, 1/8 l Wasser, Salz, Muskat, 4 Schei-
ben Weißbrot, 2 Eßlöffel Butter, Petersilie*

Mehl, Eier, Wasser, Salz und Muskat vermischen und zu einem festen
Teig schlagen. Einen Knöpfleschieber damit füllen und die Masse in kochendes Salzwasser tropfen lassen. Die Knöpfle müssen kurz ziehen und
werden dann mit einem Schaumlöffel herausgehoben. Mit kaltem Wasser abschrecken und auf Haushaltpapier trocknen. Weißbrotscheiben
in kleine Würfel schneiden und in Butter knusprig rösten. Die Knöpfle
ebenfalls in heißer Butter wenden und mit den Weißbrotwürfeln und
gehackter Petersilie garniert sofort heiß servieren.

Vom Esse

Bei de Nudle
no net hudle.
Bei de Riibele
Kleine Schübele.
Bei Knöpfle und Spätle
jo net vil schnätle.
Om Flädle ond Küechle
macht mr gern Bsüechle.
Ripple ond Knöchle
tuet mr guet köchle.
S geit vil so Sächle
zom Bräegle ond Bächle.
Dees woaß schao e Kendle
en onserem Ländle.

Karl Häfner

27

Handgemachte Nudeln

300 g Mehl, 2 Eier, Salz, 2 Eßlöffel Wasser

Mehl, Eier, Salz und Wasser zu einem festen, aber geschmeidigen Teig verarbeiten, diesen tüchtig durchkneten, bis er glatt ist. Teig in einige kleine Stücke teilen, rund formen und zugedeckt etwas ruhen lassen. Auf bemehltem Brett sehr dünne, runde Flecke auswellen und auf einem sauberen Tuch antrocknen (nicht trocken werden lassen, sonst brechen sie beim Schneiden). Die Nudelflecke halbieren, aufeinanderlegen und zusammenrollen. Mit einem scharfen Messer in 1 cm breite Streifen schneiden und an einem luftigen Ort trocknen.

Badische Schupfnudeln (Bubenspitzle)

*600 g gekochte Kartoffeln, 200 g Mehl, 1 Ei, Salz, Muskat,
Backfett*

Die geschälten Kartoffeln werden noch heiß durch ein Sieb getrieben und mit den restlichen Zutaten zu einem festen Teig verarbeitet. Daraus rollt man nun fingerlange, an den Enden spitz zulaufende Schupfnudeln. Kurz vor dem Servieren werden sie in reichlich heißem Backfett ausgebacken und zwischen Haushaltspapier entfettet.

*Lieber a Laus im Kraut
als gar koi Floisch!*

Schupfnudeln auf Weinsauerkraut

*500 g Roggenmehl, 2 Eier, Salz, 1 kg Sauerkraut, 2 Zwie-
beln, 2 Eßlöffel Schweineschmalz, Wacholderbeeren,
1 Teelöffel Honig, 3/8 l Badischer Weißherbst, 2 säuerliche Äpfel
Garnitur: 1 große Zwiebel, 2 Eßlöffel Butter*

Mehl, Eier, 1 Prise Salz und etwas Wasser zu einem Teig kneten und
stückweise zwischen den Händen zu runden Nudeln (an den Enden spitz
zulaufend) drehen. Diese dann in kochendes Salzwasser geben, bis sie
nach oben kommen. Mit dem Schaumlöffel herausnehmen und warm
stellen. Zwiebeln in Würfel schneiden und in heißem Schweineschmalz
dünsten. Sauerkraut dazugeben und mit den zerdrückten Wacholderbeeren, dem Honig und 1/4 l Wein bei mittlerer Hitze dünsten. Äpfel in
dünne Scheiben schneiden und auf das Kraut legen, aber nicht umrüh-
ren. Nach 20 Minuten 1/8 l Wein nachgießen und noch weitere 30 Minuten dünsten. Auf einer vorgewärmten Platte das Sauerkraut anrichten,
die heißen Schupfnudeln darüberschichten und mit in Butter gebrate-
nen Zwiebelwürfeln garnieren.

Spätzle oder Knöpfle

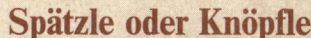

*250 g Mehl, 2 große Eier, 1/8 l Mineralwasser, 1 Teelöffel
Salz, 1 Teelöffel Öl, 2 Eßlöffel Butter, 2 Eßlöffel Semmelbrösel*

Aus Mehl, Eiern, Wasser, Salz und Öl einen Teig bereiten. So lange schlagen, bis er Blasen wirft. Einen Teil es Teiges auf ein feuchtes Holzbrettchen geben und mit einem Spatzenschaber (oder einem breiten Messer) dünne Streifen in das kochende Salzwasser schaben. Darauf achten,
daß das Wasser stets sprudelnd kocht, solange noch Teig einläuft. Wenn
die Spätzle nach oben kommen, mit einem Schaumlöffel herausnehmen, heiß abflößen, gut abtropfen lassen und warm stellen. Ist der Teig
verbraucht, Butter in einer Pfanne erhitzen, die Semmelbrösel darin anrösten und über die Spätzle geben.

29

Leberspätzle/Leberknöpfle

250 g Rindsleber (durchgetrieben), 250 g Mehl, 2 Eier,
3 Zwiebeln, Petersilie, Salz, Pfeffer, Muskat, Majoran,
30 g Butter (flüssig)

Aus den angegebenen Zutaten bereitet man einen festen und glatten Teig, der so lange geschlagen werden muß, bis er Blasen wirft. Einen Teil des Teiges auf ein feuchtes Holzbrettchen geben und mit einem Schaber oder einem breiten Messer schmale Streifen in kochendes Salzwasser schaben. Einige Male kurz aufkochen lassen und mit dem Schaumlöffel herausheben, heiß abflößen und warm stellen. Wenn der Teig verbraucht ist, Butter in einer großen Pfanne erhitzen, Leberspätzle zugeben, kurz darin wenden und abschmälzen.

Früher aßen alle
Kässpatzen aus
einer Schüssel

Käsespätzle

500 g Mehl, 3 Eier, 2 Teelöffel Salz, 1/4 l Mineralwasser,
40 g Butter, 4 große Zwiebeln, 100 g geriebener Käse

Aus Mehl, Eiern, Salz und Mineralwasser einen festen Spätzleteig herstellen. Durch ein grobes Sieb in kochendes Salzwasser drücken oder vom Brett schaben. Einmal aufkochen und mit dem Schaumlöffel herausheben. In einer Kasserolle einen Teil der Butter erhitzen und im Wechsel Spätzle und Schicht Käse einschichten. Kurz ziehen lassen. In der Zwischenzeit die restliche Butter in eine Pfanne geben und Zwiebelringe darin goldbraun rösten. Über die Käsespätzle verteilen und sofort heiß auftragen.

Obstschnitz und Speck

*750 g säuerliche Äpfel, 750 g Birnen, 300 g geräucherter
Schwarzwälder Speck*

Äpfel und Birnen schälen und in dünne Schnitze schneiden. Speck in
Würfel schneiden und in einer Pfanne auslassen. Überschüssiges Fett
entfernen. Die Obstschnitze dazugeben und bei schwacher Hitze im eigenen Saft gar dünsten.

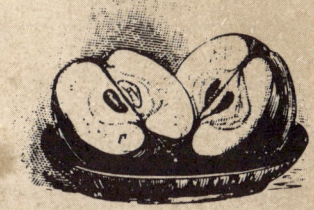

Speckpfannkuchen

*100 g dünne Bauchspeckscheiben (roh oder gekocht),
150 g Mehl, 2 Eier, 1/8 l Milch, Salz, Fett zum Ausbacken,
Petersilie*

Speckscheiben in der Pfanne verteilen, erhitzen und auf einer Seite knusprig braten. Wenden und mit Pfannkuchenteig (aus Mehl, Eiern, Milch
und etwas Salz) bedecken. Erst wieder wenden, wenn die untere Seite
des Pfannkuchens schön knusprig ist. Den fertigen Pfannkuchen mit
gehackter Petersilie bestreuen und sehr heiß servieren.

Badische Prägeli

*4 mittelgroße, rohe Kartoffeln, 4 dünne Scheiben Schwarz-
wälder Speck, 1 Eßlöffel Butter, 2 Eßlöffel Speiseöl, Salz,
Pfeffer, Majoran*

Kartoffeln schälen und in dünne Scheiben schneiden. In der heißen But-
ter-Öl-Mischung mit dem in Streifen geschnittenen Speck dachziegelar-
tig aufschichten und goldbraun anbraten. Mit Salz, gemahlenem Pfeffer
und etwas Majoran würzen, vorsichtig wenden und fertig garen.

Eierhaber oder Kratzete

250 g Mehl, 3 Eier, 1/4 l Milch, Salz, Fett zum Aus-backen

Aus Mehl, Milch, Eigelb und Salz einen glatten Teig herstellen. Eiweiß sehr steif schlagen und unter den Teig heben. Das Fett in einer Pfanne erhitzen, den Boden mit flüssigem Teig bedecken und backen, bis sich eine goldgelbe Kruste bildet. Die Masse nun mit der Bratschaufel oder zwei Gabeln zerreißen, wenden und weiterbacken. Man läßt den Eierhaber erneut anbacken und zerkleinert ihn während des Backens immer mehr. Die einzelnen Teile sollen etwa 1 Zentimeter groß und von allen Seiten goldgelb gebacken sein.

Dieses Gericht ist im Badischen vor allem als Beilage zu Spargel beliebt.

Was übrig bleibt, gibt es geröstet zu grünem oder zu Kartoffelsalat

Badische Maultaschen

Für den Nudelteig: 300 g Mehl, 3 Eier, 2 – 3 Teelöffel Wasser, Salz
Für die Fülle: 250 g Hackfleisch, 1 Brötchen, 1 Ei, 1 Zwiebel, 1 Eßlöffel Butter, Petersilie, Salz, Pfeffer, Muskat, 250 g passierter Spinat
Außerdem: 1 Eiweiß, 2 Eßlöffel Butter, Semmelbrösel

Aus Mehl, Eiern, Salz und Wasser einen zarten Nudelteig herstellen und sehr dünn auswellen. Für die Fülle die Zwiebel fein schneiden und in heißer Butter kurz angehen lassen. Gehackte Petersilie zugeben. Hackfleisch, Ei, Zwiebel-Petersilienmasse und das eingeweichte Brötchen gut mischen und mit Salz, Pfeffer und etwas Muskat würzen. Spinat unter diese Fleischmasse heben. Die Hälfte des Teiges in gleichmäßigen Abständen mit Fülle belegen, die andere Hälfte des Teiges über die Fleischhäufchen überklappen. Maultaschen mit dem Teigrädchen ausschneiden, Teigränder innen mit Eiweiß bestreichen und mit den Fingern fest zusammendrücken, so daß kleine ca. 5 x 5 cm große Taschen entstehen. Reichlich Salzwasser zum Kochen bringen, Maultaschen darin etwa 10 Minuten ziehen lassen und sofort heiß mit in Butter geschmälzten Semmelbröseln servieren.

Kartoffelsalat

1 1/2 kg Salatkartoffeln (festkochend), 1 Zwiebel, 1/4 l kräftige Fleischbrühe, Weinessig, Tafelöl, Salz, Pfeffer, 1 Teelöffel Senf

Kartoffeln in der Schale kochen, mit kaltem Wasser abschrecken und noch warm schälen. In dünne Scheiben schneiden (man kann sie auch hobeln) und in eine Schüssel geben. Zwiebel sehr fein würfeln, auf die Kartoffeln geben und mit der kochenden Fleischbrühe übergießen. Ziehen lassen. In der Zwischenzeit aus Essig, Senf, Salz, Pfeffer und Öl eine Marinade herstellen, kräftig schlagen und über die Kartoffeln geben. Vorsichtig mischen und eventuell noch etwas Fleischbrühe zugießen. Der Salat sollte gut feucht sein. Zur Abwechslung kann man auch dünne Gurkenscheiben untermischen.

33

Notizen & weitere Rezepte:

Notizen & weitere Rezepte:

fig. 3

Lachsforelle, in Weißwein gedämpft

2 mittelgroße Bodenseelachsforellen (ca. 1,5 kg), 1/2 l herber Weißwein, 2 Eßlöffel frische, gehackte Kräuter der Saison, 2 Eßlöffel Butter, Salz, Pfeffer

Forellen ausnehmen, säubern und mit den Kräutern füllen; jeweils ein Stück Butter mit zu den Kräutern einlegen. In eine gebutterte Auflaufform legen. Mit Wein übergießen und mit Salz und weißem, frisch gemahlenem Pfeffer würzen. In den vorgeheizten Backofen geben und bei guter Mittelhitze etwa 20 Minuten (je nach Größe der Forelle) im Wein dämpfen. Nach der Garzeit die Form herausnehmen. Fisch im Sud zu Salzkartoffeln und frischem Salat reichen.

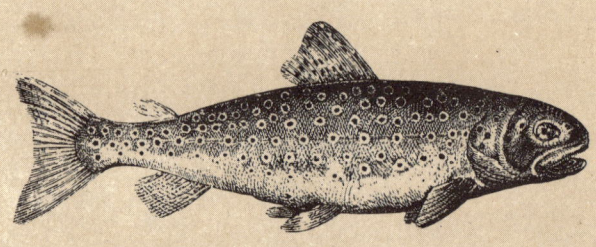

Waller im Kräutersud

1 Waller (ca. 2 kg), 1/2 l Weißwein, Salz, Pfefferkörner, 2 Zwiebeln, 1 Lauchstange, 2 Möhren, 1/2 Sellerieknolle, 2 Lorbeerblätter, verschiedene frische Kräuter der Saison, 1 Zitrone, Butter

Aus Wasser, Wein, Salz, Pfefferkörnern, den geschnittenen Zwiebeln, dem zerkleinerten Gemüse und den ganzen Kräutern einen Sud herstellen. Lorbeerblätter zugeben und einmal kräftig aufkochen. Waller vorbereiten und in den kochenden Sud legen (der Fisch sollte von der Flüssigkeit bedeckt sein). Hitzezufuhr drosseln und den Fisch etwa 30 Minuten (je nach Größe) darin ziehen lassen. Auf einer vorgewärmten Platte anrichten, mit frischen Kräutern bestreuen und mit Zitronenscheiben garnieren. Dazu geklärte Butter, Petersilienkartoffeln und Sahnemeerrettich servieren.

Aal in Salbei

1 Flußaal (ca. 1 kg), Salz, Pfeffer, 2 Zitronen, 100 g Butter, frische, große Salbeiblätter

Den frischen Aal häuten, ausnehmen und in Portionsstücke schneiden. Mit Salz und frisch gemahlenem weißen Pfeffer würzen und mit Zitronensaft beträufeln. Butter in einer Kasserolle erhitzen, Aalstücke und Salbeiblätter zugeben und unter gelegentlichem Wenden etwa 15 – 20 Minuten (je nach Größe der Stücke) dünsten. Den Aal herausnehmen, auf einer vorgewärmten Platte mit den Salbeiblättchen anrichten und mit geklärter Butter übergießen.

Badisches Matelote

750 g verschiedene Fischstücke (Aal, Schleie, Barsch, Karpfen), Salz, Suppengrün, 1 Zwiebel, 1/4 l Weißwein, 1/4 l Sahne, 2 Eßlöffel Butter, 3 Eigelb

Aus einem Liter Salzwasser und Suppengrün sowie der geschnittenen Zwiebel einen Sud herstellen, durchkochen und über ein Sieb geben. Nochmals aufkochen und durch Einkochen reduzieren. Darin die gabelgerecht geschnittenen Fischstücke kurze Zeit garen. Weißwein zugießen und mit Sahne verfeinern. Die Butter der heißen Soße unterrühren und mit den Eigelb legieren. Nicht mehr aufkochen lassen! Dazu breite, handgemachte Nudeln servieren.

Lachsschnitten mit Holländischer Soße

4 etwa 3 cm dicke Lachsscheiben, 1/4 l Weißwein, 1 Zwiebel, Suppengrün, Salz, Pfefferkörner, Petersilie
Für die Soße: Sahne, 2 Eigelb, Butter, Zitronensaft

Suppengrün und Zwiebel grob schneiden und in reichlich Salzwasser mit der Petersilie und den Pfefferkörnern aufkochen lassen. Den Sud nach einer Kochzeit von 20 Minuten durch in Sieb geben und wieder zum Kochen bringen. Wein zugeben und den vorbereiteten Lachs darin vorsichtig etwa 20 Minuten pochieren. Aus den genannten Zutaten eine Holländische Soße herstellen und zu den pochierten Lachsscheiben reichen.

Badischer Hecht

1 mittelgroßer Hecht (oder 4 kleine Grashechte), Salz, 1/2 Zitrone, Mehl, 150 g Butter, 2 Schalotten, 1/2 l dicker, saurer Rahm, Petersilie

Den Hecht ausnehmen, schuppen, waschen und mit Salz einreiben. Mit Zitronensaft beträufeln und anschließend leicht in Mehl wenden. In einer schweren Pfanne rundum kurz in etwas heißer Butter angehen lassen. In eine feuerfeste Form geben, mit der zerlassenen, restlichen Butter übergießen und mit den sehr fein geschnittenen Schalotten umlegen. Rahm und grobgehackte Petersilie zugeben und in den vorgeheizten Backofen schieben. Nachdem sich der Rahm verflüssigt hat, den Hecht laufend während des Garens damit begießen. Dazu gehören traditionsgemäß handgemachte breite „Nudle".

Dieses Rezept gab es bereits vor Einführung der Kartoffel in Europa

Hecht in Sardellenbutter

1 mittelgroßer Hecht, Salz, 1 Zitrone, 3 feingehackte Sardellen, 3 Eßlöffel Butter, 6 durchwachsene Speckscheiben, Butter zum Braten, Petersilie, 1/8 l saurer Rahm, 1/8 l herber Weißwein

Den Fisch vorbereiten und leicht mit Salz einreiben. Mit Zitronensaft beträufeln und mit Sardellenbutter (Sardellen sehr fein hacken und mit der Butter vermischen) innen dick bestreichen. Mit den Speckscheiben umwickeln und in eine mit Butter ausgefettete Auflaufform geben. Gehackte Petersilie darüber streuen und mit dem verrührten Rahm begießen. Im vorgeheizten Backofen 20 Minuten dünsten, dann mit Wein übergießen. Noch einige Minuten ziehen lassen und öfters mit der Soße begießen. Den Hecht auf einer vorgewärmten Platte in der heißen Soße anrichten und zu gebutterten Nudeln servieren.

Badische Hechtklößchen

500 g mageres Hechtfleisch, Fischabfälle (Haut, Kopf, Gräten), Salz, 1 Zwiebel, 2 Eßlöffel verschiedene Kräuter (Petersilie, Dill, Zitronenmelisse), 2 Brötchen, Milch, Salz, Pfeffer, 3 Eiweiß, 1/4 l Sahne
Für die Soße: 100 g Butter, Mehl, 1/8 l Weißwein, 4 Eßlöffel Crème fraiche, 1 Eigelb, Dill

Aus Fischabfällen, der Zwiebel, den verschiedenen Kräutern und dem nötigen Salzwasser einen Fond kochen, passieren und warm stellen. Hechtfleisch zweimal mit den in Milch eingeweichten Brötchen durch den Fleischwolf geben und diese Masse kalt stellen. In der Zwischenzeit das Eiweiß zu steifem Schnee schlagen und vorsichtig unter die Hechtmasse heben. Nach und nach die süße Sahne unterarbeiten, mit Salz und frisch gemahlenem weißen Pfeffer würzen und nochmals kalt stellen. Fischfond erhitzen, aufkochen lassen und mit einem Löffelchen Klößchen aus der Fischfarce abstechen. In die heiße Brühe geben und darin etwa 10 Minuten ziehen lassen. Herausnehmen und warm stellen. Aus Butter und Mehl eine helle Schwitze bereiten, mit dem passierten Fischfond ablöschen, gut durchkochen, Weißwein angießen, nochmals erhitzen, Crème fraiche unterziehen, mit dem Eigelb legieren und feingeschnittenen Dill untermengen. Die Hechtklößchen in einem Teil dieser Soße servieren, den Rest der Soße getrennt zu handgemachten badischen Nudeln servieren.

Blaufelchen nach Müllerin Art

4 Bodenseefelchen, Salz, 1 Zitrone, Mehl, 4 Eßlöffel Butter, Petersilie

Die Fische vorsichtig schuppen, waschen, innen und außen leicht salzen. Mit Zitronensaft beträufeln und leicht in Mehl wenden. Butter in einer schweren Pfanne erhitzen. Wenn sie schäumt, die Fische darin auf beiden Seiten knusprig braten. Mit Petersilie garniert zu Tisch bringen, dazu in Butter geschwenkte Kartoffeln und grünen Salat servieren.

Gefüllter Rheinzander

*1 mittelgroßer Zander, Salz, Butter, 1/8 l Badischer Weiß-
wein, 1/4 l Knochenbrühe, 2 Eßlöffel Crème fraiche, 1 Eßlöffel Butter
Für die Fülle: Zanderleber, 1 Eßlöffel Butter, 2 Schalotten, 1 Eßlöffel feingehackte Kräuter (frischer Salbei,
Majoran und Petersilie), 1 Brötchen, Salz, Pfeffer, Muskat,
1 großes Ei*

Den Fisch schuppen, vorsichtig aufschneiden, ausnehmen (dabei die
Leber gesondert legen) und salzen. In der Zwischenzeit etwas Butter erhitzen, die feingehackten Schalotten darin angehen lassen und die in
kleine Stückchen gehackte Leber zugeben. Einige Male wenden und mit
den Kräutern kurz dämpfen. Das Brötchen an der Oberfläche etwas
abreiben, in Wasser einweichen, gut ausdrücken und in eine Schüssel geben. Das Gemenge aus gedämpften Zwiebeln, Leber und Kräutern
zugeben, vermischen. Mit Salz, Pfeffer und Muskat würzen und ein Ei
untermengen. Diese Fülle in den Fisch geben, mit Bindfaden zunähen
und in eine gut gebutterte, feuerfeste Auflaufform legen. Wein und
Fleischbrühe zugießen und im vorgeheizten Backofen unter häufigem
Begießen garen. Fisch auf einer Platte anrichten, den Fischsud nochmals
aufkochen und mit Crème fraiche binden. Etwas Butter zufügen und getrennt zum Fisch reichen.

Zander, blau gekocht

*1 Rheinzander (mittelgroß), 1/4 l Essig, Salz, 2 Zwiebeln,
1 Lorbeerblatt, 1 Thymian- oder Rosmarinzweig, Pfefferkörner, 1/4 l Weißwein, Petersilie, Zitronenscheiben*

Aus reichlich Wasser, Salz, grobgehackten Zwiebeln, Lorbeerblatt, dem
Gewürzzweig und Pfefferkörnern einen Sud herstellen und durchkochen lassen, Wein zugeben. Den mit heißem Essig übergossenen, vorbereiteten Zander in den kochenden Fischsud geben. Bei geringer Hitzezufuhr etwa 25 bis 30 Minuten (je nach Größe) leicht ziehen lassen. Auf einer vorgewärmten Platte mit Petersilie und Zitronenscheiben anrichten
und mit zerlassener Butter zu Salzkartoffeln servieren.

Spiegelkarpfen in Rahm

1 Spiegelkarpfen, 3 Eßlöffel Butter, 2 Eßlöffel gehackte Kräuter der Saison, 2 Schalotten, Salz, Pfeffer, 1/4 l saurer Rahm

Karpfen vorbereiten und in Portionsstücke teilen. In einer feuerfesten Auflaufform die Butter erhitzen, bis sie schäumt. Die gehackten Kräuter zufügen und leicht angehen lassen, dann die feingehackten Schalotten kurz mitdünsten. Karpfenfilets salzen, mit wenig weißem Pfeffer aus der Mühle bestreuen und auf die Kräuter legen. Mit dem Rahm bedecken und im vorgeheizten Backofen etwa 20 Minuten bei geschlossenem Deckel dämpfen. Dazu in Butter geschwenkte Kartoffel servieren.

Karpfen, gebacken

1 Karpfen, Zitronensaft, Salz, Pfeffer, 1 Ei, Mehl, Semmelbrösel, 3 Eßlöffel Butter, 3 Eßlöffel Salatöl, Petersilie, 1 Zitrone zum Garnieren

Karpfen vorbereiten und halbieren. In Portionsstücke schneiden und mit Zitronensaft beträufeln. Mit Salz und frisch gemahlenem weißen Pfeffer würzen und in Mehl, verquirltem Ei und Semmelbröseln wenden. In einer Mischung aus heißer Butter mit Öl backen. Auf einer vorgewärmten Platte mit Zitronenscheiben und Petersilie garniert anrichten.

Karpfen, blau

1 Spiegelkarpfen, 1/4 l Essig, 2 Zwiebeln, 1 Lorbeerblatt, Salz, Pfefferkörner, 1/4 l Weißwein, 125 g Butter, 1 Zitrone, Petersilie

Karpfen vorsichtig waschen, um den Schleim nicht zu beschädigen (nicht schuppen!), und mit heißem Essig übergießen. Aus grobgeschnittenen Zwiebeln, dem Lorbeerblatt, Salzwasser und Pfefferkörnern einen Sud herstellen und gut durchkochen lassen. Wein zugeben und den vorbereiteten Karpfen in den warmen Sud legen. Aufkochen und bei geringer Hitzezufuhr etwa 10 Minuten ziehen lassen. Auf einer vorgewärmten Platte anrichten, mit zerlassener Butter begießen und mit Zitronenscheiben und Petersiliensträußchen garnieren. Dazu Salzkartoffeln und grünen Salat servieren.

Gedämpfte Grundeln (Bärschle)

750 g kleine Flußbarsche, Salz, Pfeffer, 2 Eßlöffel Butter,
1 Eßlöffel feingehackte Petersilie

Die Butter in einer Pfanne erhitzen, bis sie schäumt. Die Petersilie zugeben und die vorbereiteten, mit Salz und frisch gemahlenem Pfeffer gewürzten Fische in die heiße Butter legen. Einige Male in dem Fett wenden und bei geschlossenem Deckel unter geringer Hitzezufuhr 6 – 8 Minuten im eigenen Saft dämpfen.

Backfischle

750 g kleine Weißfische, Salz, Mehl, 2 Eier, Semmel-
brösel, 2 Eßlöffel Butter, 2 Eßlöffel Salatöl, 1 Zitrone

Die vorbereiteten Fische werden gesalzen, in Mehl, Ei und Semmelbröseln gewendet und in einer Mischung aus Butter und Öl schwimmend gebacken. Auf einer vorgewärmten Platte die Fische anrichten, mit Zitronenscheiben garnieren und eine große Schüssel gemischten Salat dazu servieren.

Gedämpfter Barsch, Badener Art

1 kg Barschfilet, 1 Zitrone, Salz, 3 Eßlöffel Butter, 1 Eßlöf-
fel feingehackte Petersilie, 4 Eßlöffel geriebener Käse,
2 Eßlöffel Semmelbrösel, Butterflöckchen, 4 Eßlöffel sau-
rer Rahm

Eine feuerfeste Form mit Butter bestreichen und die in Portionsstücke geschnittenen, mit Zitronensaft beträufelten Filets hineinlegen. Salzen, mit Petersilie, Käse und Semmelbröseln bestreuen und mit reichlich Butterflöckchen belegen. Rahm über den Fisch verteilen und im vorgeheizten Backofen etwa 15 – 20 Minuten dämpfen. In der Form servieren, dazu in Butter geschwenkte Kartoffeln reichen.

Bachforelle in Badischem Wein

4 frische Bachforellen, 2 Eßlöffel Butter, 250 g frische Champignons, Salz, Pfeffer, 1/4 l herber Weißwein, 1 Zitrone

Die Butter in einer feuerfesten Auflaufform erhitzen, bis sie schäumt. Die sehr feinblättrig geschnittenen Pilze zugeben. Kurz angehen lassen, mit Salz und frisch gemahlenem weißen Pfeffer würzen und einige Minuten darin dünsten. Die vorbereiteten Forellen darauflegen, mit Wein übergießen und im vorgeheizten Backofen bei mittlerer Hitze garen. Mit Zitronenscheiben garnieren und in der Auflaufform servieren.

Gebackene Regenbogenforelle

4 Zuchtforellen, Salz, Pfeffer, Zitronensaft, Mehl, 2 Eier, Semmelbrösel, 4 Eßlöffel Butter, 1 Zitrone, Petersilie als Garnitur

Forellen vorbereiten, mit Salz und Pfeffer würzen, mit Zitronensaft beträufeln, leicht in Mehl wenden. Mit verschlagenem Ei und Semmelbröseln panieren. In schäumender Butter ausbacken und noch knusprig sofort mit Zitronenscheiben und Petersilie garniert servieren.

Feinschmeckers Forelle

4 Schwarzwälder Zuchtforellen, Salz, Zitronensaft, Mehl, 3 Eßlöffel Butter, 1/8 l Sahne, 4 Eßlöffel geriebener Käse, Petersilie und Zitronenscheiben

Forellen vorbereiten, leicht salzen und mit Zitronensaft beträufeln. In etwas Mehl wenden und in heißer Butter auf beiden Seiten braten. Forellen herausnehmen und in eine gefettete Auflaufform legen, mit der Sahne begießen und mit Käse bestreuen. Etwa 5 Minuten im vorgeheizten Backofen gratinieren. Mit Zitronenscheiben und Petersilie garniert servieren.

Forelle, in Mandeln gebacken

4 frische Forellen, Salz, 1 Zitrone, Mehl, 1 Ei, 4 Eßlöffel Butter, 2 Eßlöffel geschnittene Mandeln, Petersilie

Forellen vorbereiten, mit Salz ausreiben und mit Zitronensaft beträufeln. In Mehl, verschlagenem Ei und wieder in Mehl wenden. Einen Teil der Butter erhitzen, bis sie schäumt. Die Forellen darin auf beiden Seiten knusprig braten. Herausnehmen und auf vorgewärmten Tellern warm stellen. Die Mandeln in der restlichen Butter bräunen und über die Forellen geben. Mit Petersilie garniert sofort heiß servieren.

Bachforelle, Müllerin Art

4 frische Bachforellen, Zitronensaft, Salz, Pfeffer, 4 kleine Kräuterzweige (Thymian, Rosmarin, Salbei etc.), Mehl, 4 Eßlöffel Butter, 1 Zitrone

Fische vorbereiten und mit Zitronensaft beträufeln. Leicht mit Salz und etwas Pfeffer würzen, innen mit jeweils einem Kräuterzweiglein auslegen und in Mehl wenden. In reichlich schäumender Butter auf beiden Seiten goldbraun backen und auf einer vorgewärmten Platte mit Zitronenscheiben garniert servieren. Dazu passen Petersilienkartoffeln, in Butter geschwenkt.

Forelle, blau

4 frische Schwarzwald-Wildbach-Forellen, Salz, 1/4 l Badischer Weißwein, 1 Lorbeerblatt, Pfefferkörner, 4 Eßlöffel Butter, Petersilie, 2 Zitronen

Die Forellen vorsichtig waschen (der Schleim an der Haut darf dabei nicht beschädigt werden, da nur er die Blaufärbung bewirkt). In einem Sud aus Salzwasser, Wein, Lorbeerblatt und Pfefferkörnern etwa 8 bis 10 Minuten leicht ziehen lassen. Auf vorgewärmte Teller heben. In der Zwischenzeit Butter erhitzen, bis sie schäumt. Über die Forellen gießen. Mit Zitronenscheiben und Petersilie garnieren. Dazu werden Salzkartoffeln und grüner Salat mit frischen Kräutern serviert.

Forelle in Weinsoße

4 frische Forellen, Essigwasser, Salz, Mehl, 4 Eßlöffel Butter, 2 Eßlöffel Mandelblättchen, 1/8 l saurer Rahm, 1/4 l herber Weißwein, 1 Zitrone, Petersilie

Die vorbereiteten Forellen in Essigwasser kurze Zeit ziehen lassen. In Mehl wenden und innen leicht mit Salz einreiben. Die Fische in 2 Eßlöffeln Butter auf beiden Seiten kurz anbraten. In der Zwischenzeit die restliche Butter in einer Pfanne erhitzen und die Mandelblättchen darin goldbraun rösten. Mit Wein ablöschen und den Rahm unterziehen. Die gegarten Forellen auf einer vorgewärmten Platte anrichten und mit der Weinsoße begießen. Mit Petersilie und Zitronenscheiben garnieren und heiß servieren.

Forelle in Kräutersoße

4 frische Regenbogenforellen, 1/4 l Weinessig, 2 Lorbeerblätter, Pfefferkörner, Salz
Für die Soße: 3 Eßlöffel Butter, Mehl, 1/4 l Knochenbrühe, 1/8 l Weißwein, 2 Eßlöffel gemischte Kräuter der Saison, 1/8 l Crème fraiche, Zitronensaft, Salz, Pfeffer

Aus reichlich Wasser, Essig, Lorbeerblättern, Pfefferkörnern und Salz einen Fischsud bereiten und kräftig durchkochen lassen. Hitze zurücknehmen und die vorbereiteten Forellen vorsichtig einlegen. Bei schwacher Hitzezufuhr 8 – 10 Minuten ziehen lassen. In der Zwischenzeit aus Butter und Mehl eine helle Mehlschwitze bereiten und unter Zugabe der Brühe ablöschen. Gut durchkochen und mit Weißwein aufgießen. Kräuter sehr fein hacken und mit der Crème fraiche vorsichtig unter die Soße ziehen. Dann werden Zitronensaft, Salz und frischgemahlener Pfeffer dazugegeben. Abschmecken, mit einem Stück Butter verfeinern und über die auf einer vorgewärmten Platte angerichteten Forellen gießen. Sofort heiß zu Kartoffelschnee und grünem Salat servieren. Dazu gehört ein herber Badischer Weißwein.

Bachkrebse mit Brunnenkresse

Pro Person: 5 gekochte Krebse, frische Brunnenkresse, 3 Eßlöffel Holländische Soße oder Buttersoße, Zitronenscheiben

Beim Feinkosthändler abgekochte Bachkrebse kaufen oder frische, lebende Krebse in einem Sud aus reichlich Salzwasser mit Suppengrün, Zwiebelscheiben, Pfefferkörnern, Lorbeerblättern und Gewürznelken sowie Kräutern der Saison etwa 3 – 4 Minuten ziehen lassen. Anschließend die Schwänze aus den Panzern brechen und mit Brunnenkresse, einer zarten Holländischen Soße oder Buttersoße sowie Zitronenscheiben auf einem vorgewärmten Portionsteller mit jeweils den schönsten Krebsvorderteilen als Dekoration anrichten. Frisches Stangenweißbrot und einen Badischen Riesling dazu servieren.

Früher gab es noch viele Bachkrebse in Baden

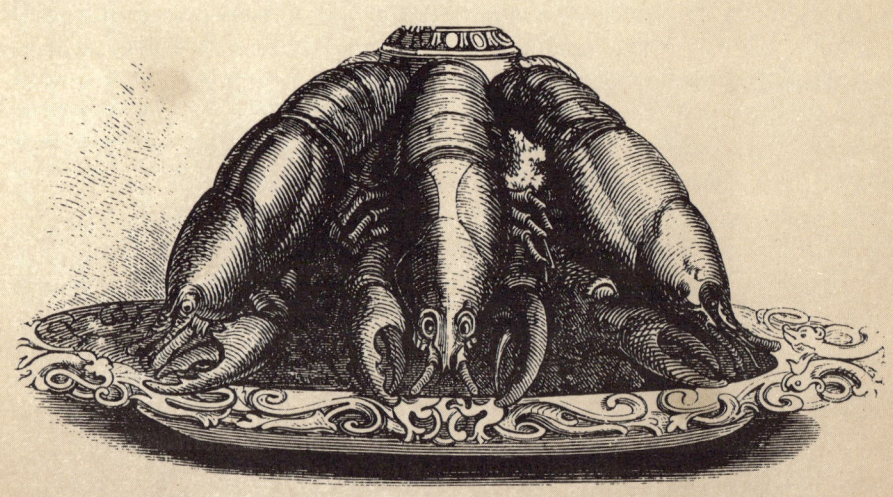

48

Notizen & weitere Rezepte:

fig. 4

Fleisch- und Wurstgerichte

Rhenus flu

Säckingen 1644

Kalbsschlegel in Rahmsoße

1 kg Kalbfleisch, Butter, 2 Zwiebeln, Wacholderbeeren, 1 Lorbeerblatt, Pfefferkörner, etwas Fleischbrühe, 1/4 l saurer Rahm, 1/8 l herber Weißwein, 1 kleines Gläschen Kapern

Fleisch in heißer Butter rundum schön goldbraun anbraten. Zwiebelwürfel, zerdrückte Wacholderbeeren, Lorbeerblatt und Pfefferkörner zugeben und kurz mitbraten. Mit Fleischbrühe ablöschen und bei mäßiger Hitzezufuhr garen. Fleisch herausnehmen und warm stellen. Soße passieren und mit Wein und Rahm verfeinern. Kapern zugeben und in der Soße ziehen lassen. Fleisch in Scheiben schneiden und in die Soße legen. Zu körnig gekochtem Reis servieren.

Es wird mit recht ein guter Braten
gerechnet zu den guten Taten;
Und daß man ihn gehörig mache,
Ist weibliche Charaktersache.

W. Busch

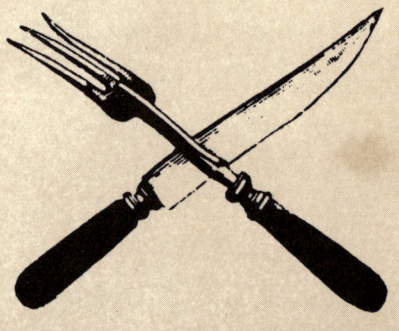

52

Schwarzwälder Kalbsvögele

4 dünne Kalbsschnitzel, 4 Scheiben Schwarzwälder Rauchfleisch (sehr dünn geschnitten), Salz, Pfeffer, 2 Eßlöffel Pflanzenfett, 1/8 l Most, 2 Eßlöffel Crème fraiche
Für die Fülle: 100 g Hackfleisch, 2 kleine Zwiebeln, 1 Eßlöffel gehackte Petersilie, 1 Eigelb, 1 Eßlöffel Semmelbrösel, Salz, Pfeffer, Majoran, Muskat

Die Schnitzel auf einer Seite salzen und pfeffern und mit je einer Scheibe Rauchfleisch belegen. Die feingeschnittenen Zwiebeln mit der Petersilie leicht angehen lassen und mit dem Hackfleisch, dem Eigelb, den Semmelbröseln und den Gewürzen gut vermischen. Diese Fülle auf die Schnitzel verteilen, zusammenrollen und mit Bindfaden oder Metallspießchen verschließen. In heißem Fett auf allen Seiten gut anbraten und mit Most ablöschen. Bei schwacher Hitze gut 30 Minuten garen. Den Bratensaft vor dem Servieren mit Crème fraiche verfeinern und alles zu körnig gekochtem Reis servieren.

Eingemachtes Kalbfleisch

750 g Kalbfleisch, Salz, Suppengrün, Butter, Mehl, 2 Eßlöffel Kapern, 1/4 l Sahne, Saft einer halben Zitrone, 1/8 l Weißwein, 2 Eigelb

Einen Liter Salzwasser zum Kochen bringen und das Suppengrün sowie das Fleisch dazugeben. Bei schwacher Hitzezufuhr garen und in der Brühe erkalten lassen. Fleisch herausnehmen und in grobe Würfel schneiden. Sud über ein Sieb geben und auffangen. Aus Butter und Mehl eine helle Mehlschwitze zubereiten, mit dem Kalbfleischsud ablöschen und gut durchkochen. Kapern, Zitronensaft, Sahne und Wein zugeben und das Fleisch zurück in die Soße legen. Kurz aufkochen und erst zum Schluß mit den Eigelb legieren. Dazu abgeschmälzte badische Knöpfle servieren.

Besonders für große Feste geeignet

Gefüllte Kalbsbrust

*1 kg Kalbsbrust (vom Metzger vorbereitet), Salz, Pfeffer,
Butter zum Braten, 1/2 l Fleischbrühe, 2 Eßlöffel saurer
Rahm
Für die Fülle: 400 g Kalbsbrät, 2 Brötchen, 2 Eier, Salz,
Pfeffer, Muskatnuß, 2 Zwiebeln, Petersilie, Butter*

Die Brötchen in kleine Würfel schneiden und kurz in heißer Butter
rösten. Brät, Brötchenwürfel, Eier, Salz, gemahlenen Pfeffer und Muskat
mischen und die in heißer Butter kurz gedämpften Zwiebelwürfel sowie
gehackte Petersilie zugeben. Alles gut vermengen und würzig abschmecken. In die vorbereitete Kalbsbrust füllen und gut zunähen. Mit
Salz und Pfeffer einreiben und in einen Bräter legen. Heiße Butter darübergießen und in den vorgewärmten Backofen geben. Fleischbrühe angießen und die Kalbsbrust unter häufigem Begießen garen, bis sie eine
schöne goldbraune Kruste bekommt. Herausnehmen, in dicke Scheiben
schneiden und warm stellen. Bratenfond lösen und mit Rahm verfeinern. Getrennt zum Fleisch reichen.

Bühler Lendenbraten

*750 g Rinderfilet, 100 g fetter Speck, Salz, Pfeffer, 2 Eßlöffel
Bratfett, 2 Zwiebeln, 200 g Backpflaumen (ohne Stein),
4 Eßlöffel Zwetschgenwasser, 1 Stück Zimtstange, 1/8 l
herber Weißwein, 1/8 l Sahne*

Das vorbereitete Filet mit dünnen Speckstreifen spicken, mit Salz und
Pfeffer einreiben und mit dem heißen Fett übergießen. In den vorgeheiz-
ten Backofen geben und auf dem Rost über der Fettpfanne 30 Minuten
garen. Feingehackte Zwiebeln mit etwas Wasser in die Fettpfanne geben.
In der Zwischenzeit die Pflaumen in Zwetschgenwasser, etwas Wasser
und der Zimtstange einige Minuten bei schwacher Hitze quellen lassen.
Nun den Bratenfond mit Wein aufkochen, etwas reduzieren und mit
Sahne verfeinern. Das Filet, welches innen einen rosa Kern haben sollte,
in Scheiben schneiden und auf einer vorgewärmten Platte anrichten. Die
Pflaumen in die Soße geben und alles nochmals kurz aufkochen
lassen. Über das angerichtete Fleisch gießen und sofort heiß servieren.

Badische Kalbsroulade

1 kg entbeinte Kalbsbrust, Salz, Pfeffer, Fett zum Braten,
1/4 l Fleischbrühe, 2 Eßlöffel saurer Rahm, etwas Weiß-
wein
Für die Fülle: 250 g Hackfleisch (vom Schwein), 1 Ei, Salz,
Pfeffer, Majoran, 2 Eßlöffel Kapern, 2 gehackte Zwiebeln,
gehackte Petersilie, Butter

Die Kalbsbrust salzen und pfeffern. Aus Schweinehack, dem Ei, den Gewürzen, den in Butter gedämpften Zwiebeln, den Kapern und der Petersilie eine Fülle bereiten und diese würzig abschmecken. Auf die vorbereitete Kalbsbrust streichen, einrollen und zu einer Roulade formen, die der Länge nach zugenäht wird. In heißem Fett auf allen Seiten gut anbraten und zwischendurch mit heißer Brühe begießen. Nach etwa 50 Minuten den Rahm zugeben und noch kurz weiterbraten. Vor dem Anrichten die Roulade in Scheiben schneiden und auf einer vorgewärmten Platte warm stellen. Bratenfond mit etwas Wein aufkochen und abschmecken. Getrennt zum Fleisch reichen.

Bühler Schweinetaschen

4 Scheiben Schweinehals, Salz, Pfeffer, 400 g Zwetschgen,
3 Eßlöffel Zucker, 4 Nelken, 4 Stückchen Stangenzimt,
Mehl, 3 Eßlöffel Bratfett, 2 kleine Zwiebeln, 1/4 l Fleisch-
brühe, 1/4 l Rotwein

Zwetschgen entsteinen, vierteln und mit dem Zucker in einer Pfanne leicht aufwallen lassen. Fleischscheiben salzen, mit frisch gemahlenem Pfeffer würzen und jeweils die Hälfte der Scheibe mit einem Teil der angedünsteten Zwetschgen, je einer Gewürznelke und einem Zimtstückchen belegen. Die andere Fleischhälfte darüberklappen und die Tasche mit Holzzahnstochern zusammenstecken. Leicht in Mehl wenden und in heißem Fett auf beiden Seiten gut anbraten. Zwiebeln in feine Scheiben schneiden und leicht anbräunen lassen. Mit Fleischbrühe ablösen und im vorgeheizten Backofen weitergaren. Fleischtaschen auf einer vorgewärmten Platte anrichten und warm stellen. Bratensaft mit Rotwein aufgießen, einmal kurz aufkochen, dann die heiße Soße über die Schweinetaschen gießen.

Badische Schäufele (Schüfeli)

1 kg Schweineschulter (gepökelt, leicht geräuchert), 1/2 l Wein, 2 Zwiebeln, 1 Lorbeerblatt, 4 Nelken, Pfefferkörner, Wacholderbeeren (zerdrückt), Thymian, etwas Salz

Einen Sud aus einem Liter Wasser, Wein, geschnittenen Zwiebeln und den restlichen Zutaten bereiten und leicht salzen. Fleisch hineingeben, nochmals kurz aufkochen, dann zugedeckt bei schwacher Hitzezufuhr ca. 60 Minuten köcheln lassen. Aus der Brühe heben, in Scheiben schneiden und zu Kartoffelsalat, frischem Bauernbrot und sauer Eingelegtem servieren.

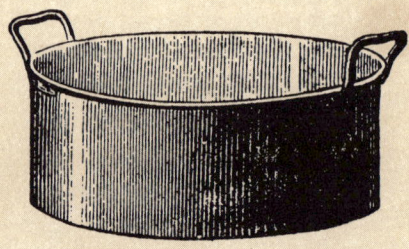

Badisches Kalbsragout

750 g Kalbsschulter (ohne Knochen), 250 g Champignons, 2 Eßlöffel Bratfett, Mehl, 1/8 l saure Sahne, Saft einer halben Zitrone, Salz, Pfeffer, 1/4 l Fleischbrühe
Für die Marinade: 1/2 l herber Weißwein, 3 Gewürznelken, 1 Zwiebel, 1 Lorbeerblatt, Pfefferkörner, 1 Zweig Kerbel und Thymian

Fleisch in gleichmäßig große Würfel schneiden. In ein Gefäß geben und in dem Wein, der mit Nelken gespickten Zwiebel, dem Lorbeerblatt, den Pfefferkörnern und den Kerbel- und Thymianzweigen marinieren. Nach einem Tag das Fleisch aus der Marinade nehmen und abtropfen lassen. In heißem Fett auf allen Seiten rasch anbraten, leicht mit Mehl bestäuben und mit Marinade aufgießen. Gespickte Zwiebel zugeben und eine gute halbe Stunde dünsten. Zwischendurch eventuell Fleischbrühe nachgießen. Die Zwiebel entfernen und blättrig geschnittene Pilze zufügen. Noch einige Minuten köcheln lassen und mit Salz und frisch gemahlenem Pfeffer würzen. Mit Sahne verfeinern und mit Zitronensaft abschmecken.

Bäckerofen

*500 g Hammelschulter, 500 g Schweineschulter, 3 große
Zwiebeln, 12 gleichgroße Kartoffeln, Schweineschmalz
Pfeffer, Salz, 3 Eßlöffel Butter, 1/4 l Badischer Wein*

Das Fleisch vom Knochen lösen und in Ragoutstücke teilen. Zwiebeln
und Kartoffeln schälen und in Scheiben schneiden. Eine feuerfeste Form
mit Schmalz einfetten und mit den Zwiebelringen auslegen. Darüber eine dicke Lage Kartoffelscheiben geben. Mit frisch gemahlenem Pfeffer
und Salz würzen, das Fleisch darüber verteilen, würzen und mit einer Lage Kartoffeln abschließen. Darauf Butterflöckchen verteilen. Mit dem
Wein übergießen und auf dem Herd zum Kochen bringen. Dann in den
vorgeheizten Backofen schieben und knappe 2 Stunden garen. Mit frischen Kräutern der Saison bestreuen. Heiß servieren.

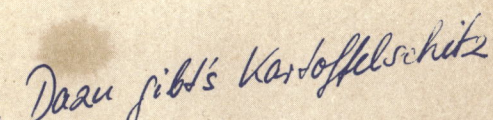

Dazu gibt's Kartoffelschitz

Ochsenbrust mit Meerrettichsoße

*1 kg Ochsenbrust, Suppengrün, Salz, 4 Eßlöffel frisch
geriebener Meerrettich, 2 Eßlöffel Butter, 2 Eßlöffel Mehl,
1/8 l süße Sahne, 1/2 Becher Crème fraiche*

Fleisch in kochendes Salzwasser geben und mit dem Suppengrün in
knapp 2 Stunden garen. Aus Butter, Mehl und etwas abgeschöpfter
Fleischbrühe eine helle Mehlschwitze herstellen und den Meerrettich
unterziehen. Mit Sahne und Crème fraiche binden und zu der in
Scheiben geschnittenen Ochsenbrust reichen. Je nach Jahreszeit können auch frische Preiselbeeren dazu gereicht werden.

Schwarzwälder Surbrotis

1 kg Schweineschulter, Wacholderbeeren, 4 Knoblauch-
zehen, 2 Eßlöffel Salz, 1 Zweig frischer Thymian, 1/4 l
Weißwein, Fett zum Braten, Himbeergeist

Fleisch mit reichlich zerdrückten Wacholderbeeren und mit dem feingehackten Knoblauch kräftig einreiben. Aus einem Liter Wasser, Wein,
Salz und Thymian eine Sur bereiten (einmal kräftig aufkochen lassen)
und kalt über den Braten gießen. Das Fleisch soll nun in einem geschlossenen Gefäß (am besten Steingut) an einem kühlen Ort eine Zeitlang ge-
surt werden. Ab und zu das Fleisch wenden. Vor dem Braten das Fleisch
gut abspülen. Eine knappe Stunde im Bräter garen, warm stellen und
die Soße mit trockenem Himbeergeist verfeinern. Dazu breite Nudeln
oder Spätzle servieren.

*Darf bei keiner
Hochzeit im
Schwarzwald
fehlen*

Badisches Würzfleisch

4 Scheiben Rindfleisch, Salz, Pfeffer, Mehl, 1 Eßlöffel
Pflanzenfett, 2 Zwiebeln, 1/4 l Fleischbrühe, 1/2 Glas
Madeira

Das Fleisch mit Salz und frisch gemahlenem Pfeffer würzen, in Mehl
wenden und in dem heißen Fett auf beiden Seiten anbraten. Fleisch aus
der Pfanne nehmen und die grobgehackten Zwiebeln in dem Bratenfond
angehen lassen. Fleisch wieder in die Pfanne geben und mit der Fleischbrühe angießen. Bei geschlossenem Deckel gar schmoren. Vor dem Servieren mit Madeira abschmecken.

Fleischsalat auf badische Art

200 g Lyoner, 2 Schalotten, 1 Gewürzgurke, 1 säuerlicher Apfel, 2 kleine Tomaten, 2 gekochte Eier, 1 Teelöffel Kapern, 1 gekochte Karotte, 1/2 gekochte Sellerieknolle, 2 Eßlöffel Crème fraiche, 100 g selbstbereitete Mayonnaise, 1 Teelöffel Senf, Salz, gemahlener Pfeffer, geriebener Meerrettich, Schnittlauch
Garnitur: 2 Tomaten, 2 gekochte Eier, Schnittlauch

Alle Zutaten in feine Streifen schneiden. Tomaten blanchieren, häuten und fein würfeln. Eiweiß vom Eigelb lösen und fein hacken. Eigelb durch ein Sieb drücken und mit Mayonnaise, Crème fraiche, Senf und Gewürzen verrühren. Kapern untermischen und die feingeschnittenen Zutaten mit dieser Marinade mischen. Gut durchziehen lassen und mit Tomaten- und Eiachteln garniert und Schnittlauchröllchen bestreut servieren.

Badische Schlachtplatte

4 Scheiben Schwarzwälder Bauernspeck, 4 Blut- und Leberwürste, 4 Scheiben geräuchertes Bauchfleisch, 800 g gekochtes Sauerkraut

Auf rustikalen Keramiktellern das Weinsauerkraut mit den Wacholderbeeren und den Blut- und Leberwürsten sehr heiß anrichten. Speck und Bauchfleisch, welches im Kraut erhitzt wurde, ebenfalls auf dem Sauerkraut oder gesondert dazugeben. Dazu munden köstlich ein „Chrisiwässerle" (Kirschwasser), ein aromatisch duftender Himbeergeist oder ein „Quetsch" (Zwetschgenwasser).

Sauerkraut, badische Art

2 einjährige Rebhühner, 1 kg Sauerkraut, 4 Scheiben gekochter Bauchspeck, 4 Leberklöße, 4 Bratwürstchen, 4 Zwiebeln, 2 Eßlöffel Butterschmalz oder Schweineschmalz, 1/4 l Weißwein, Wacholderbeeren, Pfefferkörner

Die vorbereiteten Rebhühner gar dämpfen, halbieren und warm stellen. In der Zwischenzeit die grobgehackten Zwiebeln in heißem Schmalz angehen lassen, mit Wein ablöschen. Das Sauerkraut sowie die Wacholderbeeren und Pfefferkörner zugeben. In geschlossenem Topf garen und auf vorgewärmten rustikalen Tellern anrichten. Jeweils mit einer Rebhuhnhälfte, 1 Scheibe Bauchspeck, einem Leberkloß und einem Bratwürstchen belegen und zu Kartoffelpüree servieren.

Davon wird jeder satt!

Notizen & weitere Rezepte:

Auch unser edles Sauerkraut,
Wir sollen's nicht vergessen;
Ein Deutscher hat's zuerst gebaut,
Drum ist's ein deutsches Essen.
Wenn solch ein Fleischchen,
weiß und mild
Im Kraute liegt, das ist ein Bild
Wie Venus in den Rosen.

Ludwig Uhland
aus: Metzelsuppenlied

Notizen & weitere Rezepte:

fig. 5

Innereien

Weinheim um 1620

Badische Kalbsnierle

2 Kalbsnieren, 2 Eßlöffel Essig, 1 Eßlöffel Senf, Salz, Pfeffer, 1 Eßlöffel Kerbel, 1 Eßlöffel Salbei, 1 Teelöffel Delikateßpaprika, 6 Eßlöffel Öl, 2 Eßlöffel Kirschwasser, 50 g geräucherter Speck, 1 Joghurt, 1/8 l saure Sahne, 4 Eßlöffel Preiselbeerkompott

· Nieren quer halbieren und mit Essig abspülen. Fett und Stränge entfernen und in eine Marinade aus Senf, Salz, Pfeffer, Kerbel, Salbei, Paprika, Öl und Kirschwasser legen. Einige Stunden ziehen lassen und dabei öfters wenden. Im vorgeheizten Grill auf jeder Seite 5 Minuten grillen und warm stellen. In der Zwischenzeit 4 dünne Speckscheiben knusprig braten oder mitgrillen und über die Nieren legen. Marinade mit Joghurt und Sahne mischen und erhitzen. Abschmecken und mit Preiselbeerkompott getrennt zu den Nieren reichen.

Dazu schmeckt ein frisches Bauernbrot besonders gut!

Saure Nierle

6 Schweinenieren, 2 Eßlöffel Pflanzenfett, 2 Zwiebeln, Salz, Pfeffer, Thymian, 2 Eßlöffel Essig, etwas Weißwein, 1 Eßlöffel Butter

Die grobgeschnittenen Zwiebeln in heißem Fett dünsten und die in nicht zu kleine Stücke geschnittenen Nieren dazugeben. Von allen Seiten kurz anbraten und mit Salz, Pfeffer, Thymian würzen und mit Essig und Wein abschmecken. Alles kurz aufkochen lassen und die Butter unterziehen. Sofort heiß servieren.

Kalbsnieren in Weißweinsoße

2 Kalbsnieren, 2 Zwiebeln, 2 Eßlöffel Butter, Salz, frisch gemahlener Pfeffer, Thymian, gemahlener Rosmarin, Mehl, 1/2 l herber Badischer Weißwein, 1/8 l Sahne

Zwiebeln in feine Würfel schneiden und in der heißen Butter angehen lassen. Nieren vorbereiten und in dicke Scheiben schneiden. Zu den Zwiebeln geben und auf beiden Seiten knusprig braten. Mit den Gewürzen bestreuen und mit etwas Mehl leicht bestäuben. Nochmals kurz in heißem Fett wenden und mit Wein ablöschen. Aufkochen und noch einige Minuten leicht ziehen lassen. Soße mit Sahne verfeinern.

Kalbsbries, Badener Art

*2 Kalbsbriese (Herzbries), 50 g gekochter Schinken, 2 Eß-
löffel Butter, 2 Schalotten, Salz, Pfeffer, 1/4 l Fleischbrühe,
1/8 l Badischer Weißwein, Zitronensaft, 2 Eßlöffel Crème
fraiche*

In der heißen Butter die gewürfelten Schalotten und den feingeschnittenen Schinken angehen lassen, das blanchierte Bries dazugeben und auf
allen Seiten gut anbraten. Salzen, pfeffern, mit der Brühe aufgießen
und unter mehrmaligem Wenden 20 Minuten im geschlossenen Topf
dünsten. Bries herausnehmen, in Scheiben schneiden und warm stellen.
Bratensaft mit Wein aufgießen, mit Zitronensaft pikant abschmecken,
aufkochen und zum Schluß die Crème fraiche unterziehen. Soße über
die Briesscheiben gießen und körnig gekochten Butterreis dazu servieren.

Kartäusergericht von Kalbsbries

*600 g Kalbsbries, 250 g frische Champignons, Salz, Pfeffer,
4 große Möhren, 250 g grüne Bohnen, 1 Paket gefrorene
Erbsen, 1 Sellerieknolle, 1 l Fleischbrühe, 3 Eßlöffel Butter,
Semmelbrösel, 1/4 l Sahne, Petersilie*

Bries blanchieren, in dicke Schnitzel schneiden, mit Salz und Pfeffer
würzen und in etwas Butter weich dünsten. Das Gemüse vorbereiten,
klein schneiden und in der Fleischbrühe nicht zu weich garen. Abtropfen und abwechselnd auf den Boden einer gebutterten feuerfesten
Auflaufform legen. Form mit den Briesscheiben und den ganzen Champignons schichtweise füllen und mit einer weißen Soße, die mit Sahne
verfeinert wurde, bedecken. Mit Semmelbröseln und Butterflöckchen
bestreuen und im vorgeheizten Backofen im Wasserbad gratinieren.
Herausnehmen und mit feingehackter Petersilie garnieren.

Briesle mit Spargel

750 g Kalbsbries, 500 g Suppenspargel, 100 g frische Champignons, 1 Tasse Milch, Salz, Pfeffer, 1/8 l Sahne, Butter, Mehl, Petersilie

Das gewaschene Bries mit Salzwasser bedecken, die Milch zugeben und zum Kochen bringen. Etwa 10 Minuten leicht ziehen lassen. In der Zwischenzeit Spargel schälen, in Stücke schneiden und in Salzwasser garen. Herausnehmen und auf einem Sieb abtropfen. Bries aus dem Sud nehmen, häuten und in grobe Stücke schneiden. Briessud durch ein Sieb geben und etwas einkochen. Wenig Spargelwasser zufügen, mit einer Butterkugel binden und gut durchkochen. Feinblättrig geschnittene Pilze dazugeben und etwas ziehen lassen. Briesstücke und Spargel unterrühren. Mit frisch gemahlenem Pfeffer würzen, eventuell mit ein paar Tropfen Zitrone abschmecken und die Sahne unterheben. Kurz aufkochen und mit gehackter Petersilie bestreut servieren.

Kalbshirn, überkrustet

600 g Kalbshirn, 3 Eßlöffel Butter, Mehl, 1/4 l Sahne, Salz, Pfeffer, 1 Messerspitze Curry, Zitronensaft, 1 Eigelb, 4 Eßlöffel geriebener Käse, Semmelbrösel

Hirn blanchieren und in reichlich Salzwasser etwa 5 Minuten leicht ziehen lassen. Nach dem Erkalten in grobe Streifen schneiden. Etwas Butter erhitzen, leicht mit Mehl bestreuen, mit 1/2 Tasse Hirnsud ablöschen und mit Sahne aufgießen. Mit Salz, Pfeffer, Curry und Zitronensaft abschmecken und mit dem Eigelb legieren. Etwa 2/3 des geriebenen Käses vorsichtig untermengen und das geschnittene Hirn dazugeben. Diese Masse in feuerfeste Förmchen füllen, mit dem restlichen Käse bestreuen, mit Semmelbröseln und Butterflöckchen bedecken und im vorgeheizten Backofen kurz überkrusten.

Gebackenes Hirn

600 g Hirn, 1 Ei, Salz, Pfeffer, Semmelbrösel, 3 Eßlöffel Pflanzenfett, 1 Zitrone, Petersilie

Hirn blanchieren und in Salzwasser 10 Minuten leicht ziehen lassen. Auf einem Sieb gut abtropfen und in gewürztem, verquirltem Ei wenden. In Semmelbröseln wenden und in heißem Pflanzenfett auf beiden Seiten schön knusprig ausbacken. Mit Zitronenscheiben und Petersilie garnieren und sofort heiß servieren.

Geschnetzelte Kalbsleber

600 g Kalbsleber, 1 Eßlöffel Butter, 1 große Zwiebel, Salz, Pfeffer, Thymian, 1/8 l Crème fraiche, 1 Tasse Fleischbrühe, Petersilie

Die Leber häuten und in Streifen schneiden. Zwiebelwürfel in heißer Butter anbraten, Leber dazugeben und kurz auf allen Seiten angehen lassen. Würzen und auf einer vorgewärmten Platte aufbewahren. Bratenfond mit der Fleischbrühe ablöschen, aufkochen lassen und mit Crème fraiche verfeinern. Leber zugeben und noch kurz in der Soße ziehen lassen. Gehackte Petersilie darüberstreuen und sofort heiß servieren.

Kalbsleber mit Weintrauben

4 dicke Scheiben Kalbsleber, Mehl, 2 Eßlöffel Butter, Salz, Pfeffer, Thymian, 1/8 l Weißwein, 1 Tasse gehäutete und entsteinte weiße Trauben, 2 Eßlöffel Crème fraiche

Leberscheiben in Mehl wenden und in etwas heißer Butter auf beiden Seiten anbraten. Mit Salz, Pfeffer und Thymian würzen und noch kurz weiterbraten. Auf einer vorgewärmten Platte warm stellen. Restliche Butter in den Bratenfond geben, mit dem Wein ablöschen und die Trauben zugeben. Kurz in dem Fond wenden und mit der Crème fraiche verfeinern. Die Soße wird getrennt zu der Leber gereicht.

Leberle, sauer

500 g Leber, 2 Zwiebeln, 150 g durchwachsener Speck,
2 Eßlöffel Butter, 1/8 l Weißwein, 2 Eßlöffel saurer Rahm,
Salz, Pfeffer, gemahlener Majoran

Butter erhitzen und die feingewürfelten Zwiebeln darin angehen lassen. Speckwürfel in einer separaten Pfanne auslassen und zu den Zwiebeln geben. Kurz anrösten und die in Streifen geschnittene Leber etwa 1 Minute in der Butter wenden. Mit Weißwein ablöschen und kurz darin ziehen lassen. Die saure Sahne unterziehen, mit Salz und Pfeffer sowie wenig Majoran abschmecken und sofort heiß servieren.

Badischer Leberauflauf

500 g Leber, 250 g Karotten, 1 Päckchen gefrorene Erbsen,
2 Brötchen, 2 Zwiebeln, 100 g durchwachsener Speck,
3 Eßlöffel Butter, 3 Eier, 4 Eßlöffel geriebener Käse, Salz,
Pfeffer, Majoran, Petersilie

Leber häuten und durch die feine Scheibe des Fleischwolfes drehen. Brötchen einweichen, gut ausdrücken und zur Leber geben. Speck in Würfel schneiden, in einer Pfanne auslassen, dann feingeschnittene Zwiebelwürfel darin angehen lassen. Mit einer Backschaufel aus der Pfanne heben und zu der Lebermasse geben. Flüssige Butter, Eier, Käse und Gewürze zugeben und alles sehr gut mischen. Möhren grob reiben, Erbsen auftauen und Petersilie fein hacken. Alles unter die Lebermasse arbeiten, kräftig abschmecken und in eine gebutterte, feuerfeste Form füllen. Den Auflauf im Wasserbad im Backofen bei Mittelhitze etwa 45 Minuten garen. Mit Petersiliensträußchen garniert servieren.

Geröstete Sülz (Kutteln)

*750 g Sülz (Kutteln), 2 Eßlöffel Pflanzenfett, 2 Zwiebeln,
Salz, Pfeffer, 1 Zitrone, Petersilie, 1 Eßlöffel Butter*

Das Fett in einer großen Pfanne erhitzen und die feingeschnittenen
Zwiebeln darin goldgelb rösten. Die fertigen Kutteln (man kauft sie am
besten gekocht und geschnitten beim Metzger) zugeben und bei starker
Hitze unter häufigem Wenden knusprig braten. Mit Salz und frisch gemahlenem Pfeffer würzen und mit Zitronensaft abschmecken. Ein
Stück frische Butter unterziehen und sofort auf einer vorgewärmten Platte mit Petersilie bestreut zu einer großen Schüssel Salat servieren.

Saure Sülz (Kutteln) nach Schwarzwälder Art

*750 g Sülz (Kutteln), 2 Eßlöffel Butter, 1 Zwiebel, Salz,
Pfeffer, Mehl, 1 Eßlöffel Tomatenmark, 1/8 l Fleischbrühe,
1/8 l herber Weißwein oder Weinessig*

Die in sehr feine Streifen geschnittenen Kutteln in die heiße Butter geben, in welcher man zuvor die feingeschnittene Zwiebel leicht angehen
ließ. Alles etwa 15 Minuten in der Butter dünsten, mit Salz und
Pfeffer würzen, etwas Mehl darüberstreuen und mit der Fleischbrühe
ablöschen. Tomatenmark unterrühren und mit Wein oder Essig abschmecken. Noch eine Zeitlang bei geschlossenem Deckel dünsten und
heiß zu frischem Bauernbrot servieren.

Gab's früher immer nach dem sonntäglichen Gottesdienst

Schwarzwälder Röscheli

250 g Kalbsherz, 250 g Kalbslunge, 250 g Kalbsmilz, Suppengrün, 2 Zwiebeln, 2 Eßlöffel Butter, Mehl, Salz, Majoran, Pfeffer, 3 Eßlöffel Weinessig, Zitronensaft, 2 Eßlöffel saurer, dicker Rahm

Kleingeschnittenes Suppengrün in Salzwasser aufkochen und die Innereien zugeben. Nochmals kurz aufkochen und im Sud erkalten lassen. Sehr grob durch den Fleischwolf drehen. Zwiebelwürfel in heißer Butter andünsten. Innereienhaschee zugeben, einige Male wenden und leicht mit Mehl bestäuben. Anbräunen und mit Salz, Pfeffer, Majoran sowie eventuell etwas Muskat abschmecken. Mit entfettetem Sud ablöschen und mit Essig und Zitronensaft abschmecken. Kurz vor dem Servieren den Rahm unterziehen und mit einem Stückchen Butter verfeinern.

Badische Tellersülze

500 g magerer Schweinebauch, 1 kg Schweinsknöchle, 2 Kalbsfüße, 1/4 l Essig, Salz, Pfefferkörner, 1 Lorbeerblatt, 1 Zwiebel (mit 2 Gewürznelken besteckt), 2 gekochte Karotten, 2 Gewürzgurken, 2 hartgekochte Eier, 1/4 l Weißwein

Den Schweinebauch, die Schweinsknöchle und die Kalbsfüße mit Essig, Salz, Pfefferkörnern, dem Lorbeerblatt und der gespickten Zwiebel in reichlich Wasser garen. (Dies geschieht am besten einen Tag zuvor, um vom erkalteten Sud das Fett gut abschöpfen zu können.) Das gekochte Fleisch aus der Brühe nehmen und gleichmäßig auf tiefe Teller verteilen. Zur Verzierung können Scheiben von Karotten, Gurken und Eiern auf das Fleisch gelegt werden. Die entfettete Brühe wird über ein Sieb gegeben und eventuell mit Eiweiß geklärt (verquirltes Eiweiß in der Brühe aufkochen und über ein Sieb geben). Die nun klare Brühe wird eine Zeitlang eingekocht (reduziert), und mit dem Wein abgeschmeckt. Die Brühe lauwarm über das angerichtete Fleisch gießen.

Teller-Sulz vom Schweinskopf

1 Schweinskopf (vom Metzger bereits fachmännisch zer-
kleinert), 1/4 l Weinessig, 1 Zwiebel (mit 2 Gewürznelken
gespickt), Suppengrün, Salz, Pfefferkörner

Der gut gewässerte Schweinskopf wird geputzt und mit den Gewürzen,
dem Essig und der Zwiebel sowie dem Suppengrün in reichlich Wasser
(der Schweinskopf soll gerade bedeckt sein) weich gekocht. Den Kopf
von Knochen befreien, in Scheiben oder Portionsstücke schneiden,
eventuell eine Zeitlang mit einem Gegenstand beschweren und in einer
tiefen Platte oder Schüssel anrichten. Vom erkalteten, steifen Sud das
Fett abnehmen, eventuell mit Eiweiß klären. Sud nochmals erhitzen,
kräftig abschmecken und lauwarm über die Fleischscheiben oder
Fleischstücke geben. Nach dem Erstarren mit Petersilie garnieren und
zu frischem Kartoffelsalat servieren.

Notizen & weitere Rezepte:

Notizen & weitere Rezepte:

fig. 6

Wild und Geflügel

Dillsteiner Brücke 1851

Wildschweinbraten

*1 Wildschweinkeule, Salz, Pfeffer, Salbei, 150 g durch-
wachsener Speck, 2 Eßlöffel Butter, Wacholderbeeren, 1/4 l
Knochen- oder Gemüsebrühe, 1/4 l herber Weißwein, 1/8 l
Sahne, 1 Orange, Preiselbeerkompott*

Das vorbereitete Fleisch mit Salz, Pfeffer und Salbei einreiben. Die sehr
dünnen Speckscheiben um das Fleisch legen und feststecken. Im vorgeheizten Backofen in einem Bräter mit heißer Butter begießen und die in
etwas Wasser eingeweichten Wacholderbeeren mit der Brühe zufügen.
Eine knappe Stunde unter häufigem Begießen mit Wein und Brühe garen, herausnehmen und warm stellen. Bratenfond kräftig abschmecken,
die in kleine Streifen geschnittenen Speckscheiben der Soße beifügen
und mit Sahne binden. Orangenhälften aushöhlen, mit Preiselbeerkompott füllen, um die Wildschweinkeule legen und getrennt zur Soße servieren.

Hasenrücken in Johannisbeergelee

*1 bratfertiger Hasenrücken, Salz, Pfeffer, zerdrückte Wa-
cholderbeeren, 3 Eßlöffel Butter, Thymian, 2 Zwiebeln,
1/4 l Knochenbrühe, 4 Eßlöffel Johannisbeergelee, 4 Eßlöffel Crème fraiche*

Den vorbereiteten Hasenrücken mit Salz, Pfeffer und den Wacholderbeeren einreiben und in heißer Butter langsam auf allen Seiten anbraten.
Mit Thymian bestreuen, feingeschnittene Zwiebelwürfel zufügen, kurz
angehen lassen und den Bräter in den vorgeheizten Backofen geben. Mit
Knochenbrühe angießen und ca. 45 Minuten unter häufigem Begießen
garen. Hasenrücken herausnehmen und warm stellen. Bratenfond lösen, aufkochen und mit Johannisbeergelee verfeinern. Vorsichtig die
Crème fraiche unterheben, nochmals erhitzen und getrennt zu dem Hasenrücken reichen.

Kaninchenbraten in Rahmsoße

*1 junges Kaninchen, Salz, Pfeffer, zerdrückte Wacholder-
beeren, 1 Zweig Thymian, 100 g Speck, 2 Eßlöffel Butter,
Suppengrün, 1/2 l Fleischbrühe, 1/8 l saurer Rahm,
1 Zweig Thymian*

Das vorbereitete Kaninchen mit Salz, Pfeffer und den Wacholderbeeren
einreiben. Thymianzweig in das Innere des Kaninchens legen. Mit dünnen Speckscheiben umwickeln und in heißer Butter auf allen Seiten anbraten. Zerkleinertes Suppengrün dazugeben und mitbraten. Mit
Fleischbrühe ablöschen und unter häufigem Begießen im vorgeheizten
Backofen eine gute Stunde braten. Speckscheiben lösen und noch kurze
Zeit überbräunen. Herausnehmen und auf einer vorgewärmten Platte
warm stellen. Bratensaft durch ein Sieb passieren. Nochmals aufkochen
und mit Rahm verfeinern. Würzig abschmecken und getrennt zum Ha-
sen mit Apfelrotkraut reichen.

Feldhasenkeulen in Wacholderrahm

*4 Hasenkeulen, 3 Eßlöffel Butter, zerdrückte Wacholder-
beeren, Pfefferkörner, Gewürznelken, 2 Zwiebeln, 1/2 Sellerieknolle, 1 kleine Karotte, 1 Lorbeerblatt, Thymian,
1/4 l Knochenbrühe, 1/4 l Rotwein, 2 Eßlöffel Wacholderschnaps, 1/8 l Sahne*

Hasenkeulen häuten und von den Sehnen befreien. In heißer Butter auf
beiden Seiten bei mäßiger Hitzezufuhr langsam anbraten, bis sie schön
braun sind. Die Fleischabschnitte (Flexen, Haut, eventuell Knochen),
Zwiebelscheiben, zerkleinertes Gemüse und die Gewürze zum Fleisch
geben, leicht anbraten und mit Knochenbrühe ablösen. Kurz aufkochen,
dann den Rotwein zugießen. Bei geschlossenem Deckel die Hasenkeulen etwa 1 1/2 Stunden bei mäßiger Hitze schmoren. Danach die Keulen
herausnehmen und warm stellen. Fond durch ein Sieb passieren, mit
Wacholder abrunden und mit Sahne und frischer Butter verfeinern. Abgeschmälzte Spätzle und Preiselbeerkompott sind die passende Beilage.

Badisches Rehragout

1 kg Rehfleisch (Hals, Brust oder Bug), 3 Eßlöffel Butter,
2 große Zwiebeln, 1 Lorbeerblatt, Wacholderbeeren, 3 Ge-
würznelken, Mehl, 1/4 l Knochenbrühe, 1/4 l Rotwein,
3 Eßlöffel saurer Rahm

Gut abgehangenes Rehfleisch in Portionsstücke teilen und in heißer Butter bei mäßiger Hitzezufuhr auf allen Seiten gut anbraten. Zwiebelringe,
Lorbeerblatt, zerdrückte Wacholderbeeren und Gewürznelken zugeben
und kurz anbraten. Mit etwas Mehl überstäuben, Farbe nehmen lassen
und Knochenbrühe angießen. Gut durchkochen und mit Rotwein ablöschen. Bei mäßiger Hitzezufuhr garen. Vor dem Anrichten mit Rahm
verfeinern, kräftig würzen und zu Weckklößen oder Schupfnudeln reichen.

Alemannischer Hasenpfeffer

1500 g Hasenklein, 50 g magere Speckwürfel, 2 Eßlöf-
fel Bratfett, Mehl, Salz, Pfeffer,
Für die Beize: 3/4 l Kaiserstühler Rotwein, 2 Zwiebeln
(in Scheiben geschnitten), 2 Karotten, 1/2 Sellerieknolle,
Wacholderbeeren, Pfefferkörner, 1 Lorbeerblatt, 1 kleiner
Tannenzweig, 1/2 l Fleischbrühe

Aus den Beizzutaten eine Marinade herstellen und das in Ragoutstücke
geschnittene Hasenklein 1 bis 2 Tage darin einlegen. Fleisch herausnehmen und abtropfen lassen, salzen, pfeffern. In heißem Fett anbraten,
Speckwürfel dazugeben und glasig werden lassen. Marinade durchsei-
hen und das Gemüse mit den Gewürzen in der Kasserolle anbraten.
Leicht mit Mehl bestäuben und mit Marinade ablöschen. Eine Stunde
bei geschlossenem Deckel schmoren lassen. Fleisch herausnehmen und
warm stellen. Soße passieren, mit etwas Hasenblut binden und würzig
abschmecken. Fleisch zurück in die Soße geben und sofort heiß servieren.

78

Hirschfilets in Pilzrahmsoße

750 g Hirschfleisch (aus der Keule), 100 g fetter Speck, 500 g frische Mischpilze der Saison, 2 Eßlöffel Butter, 1/4 l Fleischbrühe, 100 g geräucherter, durchwachsener Speck, 1 Zwiebel, Salz, Pfeffer, Petersilie, 1/8 l Sahne

Fleisch vorbereiten und mit dünnen Speckstreifen vorsichtig spicken. In heißer Butter auf allen Seiten anbraten und mit Fleischbrühe ablöschen. Bei geschlossenem Deckel langsam garen. Durchwachsenen Speck in Würfel schneiden und in einer Pfanne auslassen. Zwiebelwürfel und feinblättrig geschnittene Pilze darin angehen lassen und kurz garen. Mit Salz, frischem Pfeffer und gehackter Petersilie würzen. Hirschfleisch aus der Bratensoße nehmen und in dicke Scheiben schneiden. Auf einer vorgewärmten Platte anrichten und warm stellen. Bratensoße aufkochen, mit Sahne verfeinern und kräftig abschmecken. Über die Hirschscheiben gießen. Pilze darauf verteilen und sofort heiß zu abgeschmälzten Spätzle servieren.

Rehrücken mit Rahmsoße

1 Rehrücken, Majoran, Rosmarin, Thymian, Salz, Pfeffer, 3 Eßlöffel Bratfett, 1/4 l Crème fraiche
Fond aus: Knochen, Suppengemüse, 2 Zwiebeln, Wacholderbeeren

Die beiden am Knochen entlanglaufenden Fleischstücke auslösen und enthäuten. Die verbleibenden Knochen klein hacken, mit Gewürzen und geschnittenem Suppengemüse scharf anrösten, mit heißem Wasser angießen und im geschlossenen Topf eine Zeitlang köcheln lassen. Über ein Sieb gießen und diesen Fond durch Aufkochen reduzieren. In der Zwischenzeit die beiden Rückenstücke sowie die Filets mit den Gewürzen leicht einreiben und rundum ca. 10 Minuten rosa braten. Fleisch herausnehmen, in diagonale Scheiben schneiden und warm stellen. Den Bratensaft mit dem reduzierten Fond ablöschen, aufkochen lassen und abschmecken. Mit Crème fraiche verfeinern und über die Fleischscheiben gießen. Dazu serviert man handgeschabte Spätzle und gedämpfte Pilze der Saison.

Badischer Rehrücken

*1 Rehrücken, Salz, Pfeffer, 1 gespickte Zwiebel (mit einem
Lorbeerblatt und Gewürznelken), Wacholderbeeren, 3 Eß-
löffel Butter, 1/8 l saure Sahne, 1/8 l Fleischbrühe, 1/4 l
Kaiserstühler Rotwein, 3 Birnen, Johannisbeergelee
Für die Beize: 1/8 l Wasser, 1/2 l Kaiserstühler Rotwein,
2 in Scheiben geschnittene Zwiebeln und Möhren, 1 kleiner
Tannenzweig, Estragon, Pfefferkörner*

Eine kräftige Beize herstellen und darin den vorbereiteten Rehrücken einige Tage einlegen. Herausnehmen, gut abtropfen lassen und mit Salz
und Pfeffer einreiben. Mit der gespickten Zwiebel und einigen Wacholderbeeren in einen Topf geben. Heiße Butter darübergießen und im
vorgeheizten Backofen bei mittlerer Hitze unter häufigem Begießen
mit heißer Beize etwa 45 Minuten garen (Er sollte innen noch leicht rosa
sein!). Den Rehrücken herausnehmen, vorsichtig vom Knochen lösen,
in Scheiben schneiden und diese wieder auf den Knochen setzen. Bratenfond mit Wein aufgießen, eventuell noch etwas Fleischbrühe zugeben und alles etwas einkochen lassen. Durch ein Sieb passieren und mit
Sahne verfeinern. Kräftig abschmecken und getrennt zu dem Rehrücken
reichen. Birnen aushöhlen, mit Johannisbeergelee füllen und als Garnitur zum Fleisch reichen.

Rehschnitzel in Kräuterbutter

*4 dicke Rehschnitzel, 2 Eßlöffel Öl, 1 Eßlöffel Butter, Salz,
Pfeffer, Salbei, Wacholderbeeren (fein gemahlen), 125 g
Preiselbeerkompott, 100 g Kräuterbutter*

Aus Öl, zerlassener Butter und den Gewürzen eine Marinade herstellen
und die Schnitzel darin öfters wenden. Eine Zeitlang marinieren lassen.
Schnitzel in einer schweren Bratpfanne (oder am Grill) auf jeder
Seite etwa 3 Minuten (je nach Stärke) braten und auf einer vorgewärmten Platte anrichten. Jedes Schnitzel mit einem Stück Kräuterbutter und
einem Häufchen Preiselbeerkompott garnieren.

Rehschäufele in Wacholderrahm

*1 kg Rehschulter, Salz, Pfeffer, Thymian, Mehl, 1/8 l saurer
Rahm, 4 Eßlöffel Wacholderschnaps*
*Für die Beize: 3/4 l Rotwein, Gewürznelken, gestoßene
Wacholderbeeren, 2 Lorbeerblätter, Pfefferkörner, Thy-
mian, Salz, Pfeffer, 3 Zwiebeln, 2 Möhren, 1/2 Sellerie-
knolle*

Rehschulter vom Fleischer in Portionsstücke teilen lassen und 2 bis 3 Tage in der aus den genannten Zutaten hergestellten Beize marinieren.
Herausnehmen und gut abtropfen. Mit Salz, Pfeffer und Thymian würzen und auf allen Seiten scharf anbraten. Leicht mit Mehl bestäuben
und mit der passierten Marinade ablöschen. Im geschlossenen Topf garen und noch kurze Zeit ziehen lassen. Soße mit Rahm verfeinern und
kräftig abschmecken. Wacholder unterrühren und zu frischen Hefe-
knöpfle servieren.

Rehkeule in Rotweinsoße

*1 Rehkeule, 100 g fetter Speck, Salz, Pfeffer, Thymian,
3 Eßlöffel Pflanzenfett, 1/8 l saurer Rahm, Preiselbeergelee*
*Für die Beize: 1/2 l herber Rotwein, 1/2 l Fleischbrühe oder
Wasser, Suppengrün, zerdrückte Wacholderbeeren, 2 Lorbeerblätter, 2 Zwiebeln*

Rehkeule vorbereiten und mit dünnen Speckstreifen spicken. Aus Wein,
Brühe, Suppengrün und Gewürzen eine Beize herstellen und gut durchkochen lassen. Die Rehkeule mit dem erkalteten Sud bedecken und einige Tage darin ziehen lassen. Fleisch aus der Beize nehmen, gut abtropfen
und mit Salz, Pfeffer und etwas Thymian würzen. In heißem Fett auf allen Seiten anbraten und mit der Beize ablöschen. Nach dem Garen den
Bratensatz durchpassieren und mit Rahm binden. Mit Preiselbeergelee
zu Spätzle servieren.

81

Badische Ente

*1 junge Ente, 500 g Sauerkraut, Salz, Pfeffer, 2 Eßlöffel
Butter, 2 kleine Stangen Lauch, 1/2 Sellerieknolle, 2 Karotten, 1/4 l Badischer Weißwein, 1/4 l Fleischbrühe, 150 g
gekochter Schinken, 250 g frische Champignons, 150 g
Schwarzwälder Speck, Petersilie*

Ente vorbereiten und innen und außen mit Salz und Pfeffer einreiben.
Rundherum in heißer Butter anbraten. Kleingeschnittenes Gemüse dazugeben, andünsten und eine gute Stunde im vorgeheizten Backofen
weitergaren. Abwechselnd mit Wein und Fleischbrühe begießen. Schin-
kenwürfel und die feinblättrig geschnittenen Pilze zugeben und noch
ca. 10 Minuten mitgaren. Zwischenzeitlich das Sauerkraut mit den
Speckscheiben und etwas Weißwein sowie einigen Wacholderbeeren
weich dünsten. Die fertige Ente herausnehmen, warm stellen und den
Gemüsefond abschmecken. Mit feingehackter Petersilie bestreuen.
Sauerkraut auf eine vorgewärmte Platte geben und darauf die Ente mit
den Speckscheiben anrichten. Gemüse-Mischung gesondert dazu reichen.

Markgräfler Fasan

*1 junger Fasan, einige Wacholderbeeren, Salz, Pfeffer,
2 Scheiben durchwachsener Speck, 2 Eßlöffel Butter,
Mehl, 1 Zwiebel, 1 Knoblauchzehe, Thymian, 1/8 l Fleischbrühe, 1/4 l Badischer Riesling*

Den Fasan innen und außen mit Salz, Pfeffer und den zerdrückten Wacholderbeeren würzen. Die Brust mit dem Speck umlegen und diesen
festbinden. Im vorgeheizten Backofen bei starker Hitze eine halbe Stunde braten. Dabei öfters mit Butter überpinseln und mit Bratfond begießen. Kleingeschnittene Innereien wie Magen, Leber, Herz usw. in Butter
anbraten, feingeschnittene Zwiebel und Knoblauch zugeben und würzen. Leicht mit Mehl bestäuben, etwas bräunen und mit Fleischbrühe
ablöschen. Zu dem Fasan geben und noch ca. 20 Minuten mitbraten.
Danach den Fasan herausnehmen und warm stellen. Bratensoße durch
ein Sieb passieren und nochmals aufkochen. Mit Wein verfeinern und pikant abschmecken. Den Fasan auf Weinsauerkraut anrichten, mit den
Speckscheiben garnieren und mit Kartoffelpüree servieren; Soße gesondert reichen.

Fasan in Weißwein

1 Fasan, 100 g in Scheiben geschnittener Schwarzwälder Speck, Salz, Pfeffer, Majoran, Zitronensaft, 3 Eßlöffel Butter, einige zerdrückte Wacholderbeeren, 1/4 l Fleischbrühe, 1/4 l herber Weißwein, 2 Eßlöffel saurer Rahm

Den Fasan vorbereiten. Mit Salz, Pfeffer und innen etwas mit Majoran würzen sowie mit Zitronensaft beträufeln; mit Speckscheiben umwickeln. Backofen vorheizen, den Fasan in heißer Butter rundum anbraten und mit den Wacholderbeeren in den Backofen geben. Fleischbrühe angießen und ca. 20 Minuten braten. Danach Speckscheiben vorsichtig entfernen, den Wein über den Fasan gießen und weitere 30 Minuten garen. Herausnehmen und warm stellen. Bratensatz passieren, mit Rahm verfeinern und abschmecken.

Martinsgans mit Kräuterfüllung

1 junge Gans, 200 g durchwachsener, geräucherter Speck, 6 altbackene Brötchen, 1/4 l Milch, 3 Eier, 3 Eßlöffel frische Kräuter der Saison, 2 Zwiebeln, Muskat, 1 Knoblauchzehe, Salz, Pfeffer, Muskat, Semmelbrösel

Gans vorbereiten, innen und außen mit Salz und Pfeffer einreiben. Für die Fülle zunächst die Brötchen in Würfel schneiden und in heißer Milch einweichen. Speck in grobe Würfel schneiden und Zwiebeln, Knoblauch sowie Kräuter sehr fein wiegen. Speckwürfel in einer Pfanne auslassen, Knoblauch und Zwiebeln goldgelb darin rösten und mit den Kräutern zu den eingeweichten Brötchen geben. Mit Salz und Pfeffer würzen und mit Muskatnuß abschmecken. Alles gut mischen und die Eier unterrühren. Gegebenenfalls den Teig mit Semmelbröseln andicken. Diese Masse in die Gans füllen und zunähen. In den vorgeheizten Backofen geben und mit Wasser übergießen. Unter häufigem Begießen und gelegentlichem Wenden etwa 2 1/2 Stunden braten. Herausnehmen, Bindfaden entfernen und Fülle in Scheiben schneiden. Alles auf einer vorgewärmten Platte anrichten und zu Kartoffelklößen und Apfelrotkraut servieren. Vom Bratensaft das Fett abschöpfen und sehr heiß getrennt dazu reichen.

Wildente in Rotwein

1 junge Wildente, Salz, Pfeffer, 1 Zweig frischer Rosmarin,
1 Zitrone, 3 Eßlöffel Butter, 4 Eßlöffel Sahne
Für die Beize: Salzwasser, Suppengrün, 2 Zwiebeln, 1/2 l
Rotwein, zerdrückte Wacholderbeeren

Aus Suppengrün, Salzwasser, Zwiebeln, Rotwein und Wacholderbeeren eine Beize herstellen und darin die Ente eine Zeitlang marinieren. Die gut abgetropfte Ente mit Salz, Pfeffer und Zitronensaft einreiben und innen den Rosmarinzweig hineinlegen. In heißer Butter anbraten und mit einem Teil der Beize löschen. In einem Bräter im vorgeheizten Backofen weich dämpfen. Nach und nach restliche Beize zugeben und häufig begießen. Nach 1 1/2 Stunden die Wildente auf einer vorgewärmten Platte anrichten und warm stellen. Soße passieren und mit Sahne verfeinern. Kräftig abschmecken und getrennt zur Ente reichen.

Schnepfen mit Pfifferlingen

4 Waldschnepfen, 3 Scheiben durchwachsener Speck, 3 Eß-
löffel Butterschmalz, 500 g frische Pfifferlinge, 1 Zwiebel,
Salz, Pfeffer, Majoran, Petersilie

Die Schnepfen vorbereiten und ausnehmen. Mit Salz, Pfeffer und innen leicht mit Majoran einreiben und mit je zwei Speckscheiben umwickeln. In 2 Eßlöffeln Butterschmalz anbraten, bis sie auf allen Seiten goldbraun sind. In den vorgeheizten Backofen schieben. Zwiebelwürfel in 1 Eßlöffel Butterschmalz angehen lassen und die vorbereiteten Pilze dazugeben. Mit Salz und Pfeffer abschmecken und gar dämpfen. Schnepfen öfters wenden und nach etwa 30 Minuten herausnehmen. Speck entfernen und feingehackt zusammen mit der Petersilie unter die Pilze mischen. Schnepfen auf einer vorgewärmten Platte anrichten, Pfifferlinge rundherum legen und zu Kartoffelschnee servieren.

Rebhuhn auf Weinsauerkraut

4 Rebhühner, 1 kg Sauerkraut, 2 Zwiebeln, 2 Eßlöffel Schweineschmalz, Wacholderbeeren, 1/8 l Weißwein, Salz, Pfeffer, 4 Thymianzweige, 2 Eßlöffel Butter, 1/4 l Fleischbrühe, 8 Scheiben geräucherter Bauchspeck

Zwiebelwürfel in Schweineschmalz anbraten und das Sauerkraut mit den Wacholderbeeren dazugeben. Mit Wein aufgießen und garen. Rebhühner vorbereiten, innen und außen salzen, je einen Thymianzweig einstecken und in heißer Butter rundum anbraten. Im vorgeheizten Backofen etwa eine Stunde garen (junge Rebhühner sind schon in ca. 25 Minuten gar) und dabei häufig mit der heißen Fleischbrühe begießen. In der Zwischenzeit die Speckscheiben sehr kroß anbraten. Sauerkraut auf einer vorgewärmten Platte anrichten, Rebhüher drauflegen und mit den Speckscheiben garnieren.

Rastätter Wildpastetchen

250 g gemischtes Wild-Kleinfleisch, 100 g geräucherter, durchwachsener Speck, 3 große Zwiebeln, 50 g grobe Kalbsleberwurst, Petersilie, Salz, Pfeffer, Majoran, Thymian, 250 g Blätterteig (gefroren), Eigelb zum Bestreichen

Speck in Würfel schneiden, in einer Pfanne auslassen und darin das Wildfleisch anbraten. Zwiebelwürfel zugeben und mit anrösten. Alles durch die feine Scheibe des Fleischwolfs drehen. Diese Masse mit den Gewürzen und der Leberwurst zu einer Farce vermischen. Den aufgetauten Blätterteig dünn ausrollen und runde Plätzchen ausstechen. Auf jedes zweite einen Löffel Farce geben und mit einem leeren Teigplätzchen bedecken. Ränder mit Wasser anfeuchten und fest zusammendrükken. Mit einer Gabel einstechen, mit Eigelb bestreichen und im Backofen bei Mittelhitze auf dem Blech etwa 30 Minuten backen.

85

Badisches Gänseklein

1 kg Gänseklein (Hals, Flügel, Herz, Magen, eventuell abgebrühte Füße und Köpfe), Suppengrün, Pfefferkörner, 1 Lorbeerblatt, Butter, Mehl, 1 Eßlöffel Kapern, 1/8 l saurer Rahm

Das vorbereitete Gänseklein in Stücke schneiden und in einem Sud aus 1 l Salzwasser, Suppengrün, Pfefferkörnern und dem Lorbeerblatt garen. Gänseklein herausnehmen und warm stellen. Brühe passieren, aus Butter, Mehl und Brühe eine weiße Soße herstellen und eine Zeitlang gut durchkochen. Abschmecken und mit Rahm verfeinern. Kapern zugeben und etwas ziehen lassen. Das gekochte Gänseklein in die Soße geben, kurz erhitzen und zu körnigem Reis servieren.

Notizen & weitere Rezepte:

fig · 7

Schnecken und Froschschenkel

Heidelberg

Schneckensuppe Ortenau

12 frische Weinbergschnecken, 1 l Kalbsknochenbrühe,
Mehlbutter, 1 Eßlöffel gehackte Petersilie, 2 feingehackte
Knoblauchzehen, 2 Eßlöffel Crème fraiche, 1/8 l Weißwein

Die Schnecken putzen, gründlich waschen und in der Knochenbrühe garen. Diese mit Mehlbutter abziehen, bis die Suppe cremig ist. Mit Petersilie und Knoblauch würzen und mit Weißwein und Crème fraiche verfeinern. In Suppentassen füllen und kurz überbacken. Dazu frisches, knuspriges Weißbrot servieren.

Schnecken in Kräuterbutter

Weinbergschnecken (Dose oder gefroren – pro Person
6 Stück), 24 leere Schneckenhäuschen, 125 g Butter,
2 Schalotten, 1 kleine Zwiebel, 2 Knoblauchzehen, Salz,
Pfeffer, Schnittlauch, Petersilie

Butter in einer Schüssel schaumig rühren und die feingehackten, in Butter gedämpften Schalotten, die geriebene Zwiebel und den sehr fein gehackten Knoblauch unterziehen. Mit Salz und frischem Pfeffer würzen, zuletzt kleingehackte Petersilie sowie Schnittlauch beigeben. Kräuterbutter kalt stellen. Die Häuschen erst mit etwas Kräuterbutter, dann mit einer abgetropften Schnecke und wieder mit Kräuterbutter füllen. In Schneckenpfännchen setzen und im Backofen erhitzen. Zu frischem Weißbrot servieren.

Kräuterschnecken im Pfännle

24 Weinbergschnecken (aus der Dose), 4 Schalotten, 4 Knoblauchzehen, 125 g Butter, 4 Eßlöffel verschiedene frische Kräuter der Saison, Salz, Pfeffer, 4 Scheiben durchwachsener Speck, Badischer Weißwein

Schalotten und Knoblauch sehr fein schneiden und in etwas Butter angehen lassen. Abkühlen und zu der restlichen Butter geben. Kräuter untermischen und mit Salz und frisch gemahlenem Pfeffer gut würzen. Kräuterbutter im Kühlschrank kalt stellen. Speck in feine Streifen schneiden und in einer Pfanne auslassen. Schnecken aus der Dose über ein Sieb leeren und zugeben. Kurz erhitzen und mit etwas Wein verfeinern. In feuerfeste Schneckenpfännchen verteilen, die Vertiefungen mit Kräuterbutter verschließen und die Pfännchen in den vorgeheizten Backofen oder den Grill geben und bei guter Mittelhitze überbacken. Dazu knuspriges Stangenweißbrot servieren.

Weinbergschnecken auf Toast

24 Schnecken (aus der Dose), Butter, Knoblauchsalz, gemahlener Pfeffer, gemahlener Rosmarin, 4 Toastscheiben, Petersilie

Schnecken über einem Sieb abtropfen lassen. Saft in einer Schüssel auffangen. Butter in der Pfanne erhitzen, die Schnecken zugeben und einige Male in der Butter wenden. Mit Knoblauchsalz, Pfeffer und Rosmarin würzen. Weißbrotscheiben im Toaster rösten, auf Portionsteller legen und die Schnecken darauf verteilen. Mit feingehackter Petersilie bestreut zu frischen Salaten servieren.

Froschschenkelsuppe

*24 Froschschenkel, 3 Eßlöffel Butter, 2 Schalotten, Mehl,
Brühe von 1 kg Kalbsknochen, 1/4 l Badischer Weißwein
(herb), 1/4 l Sahne, 2 Eigelb, 1 Eßlöffel gehackte Kräuter
der Saison*

2 Eßlöffel Butter in einem Topf erhitzen und die feingehackten Schalotten darin angehen lassen. Die vorbereiteten Froschschenkel zugeben und etwas andünsten. Mit Mehl bestäuben und mit einem Teil der zuvor hergestellten Knochenbrühe ablöschen. Bei milder Hitzezufuhr einige Minuten köcheln lassen. Die Froschschenkel herausnehmen und von den Knochen befreien. Die restliche Knochenbrühe aufgießen und kurz durchkochen. Suppe mit Sahne und Eigelb legieren und mit dem Rest der Butter verfeinern. Froschschenkelfleisch zugeben und kurz in der Suppe ziehen lassen. In eine vorgewärmte Schüssel geben und mit den gehackten Kräutern bestreut servieren.

*Mit viel
Salat
servieren!*

Froschschenkel, gebacken

*Froschschenkel (ca. 10 pro Person), Salz, Pfeffer, Mehl,
Eier, Semmelbrösel, Backfett, Petersilie, Zitronen, Salz
und Pfeffer*

Die geputzten und gewaschenen Froschschenkel werden mit Salz und Pfeffer leicht gewürzt, in Mehl, verschlagenem Ei und Semmelbrösel gewendet und in heißem Fett schwimmend ausgebacken. Mit Haushaltspapier entfetten, auf eine vorgewärmte Platte legen und mit Zitronenscheiben und Petersilie garniert servieren.

Froschschenkel in Bierteig

150 g Mehl, 1/4 l Bier, 1 Prise Salz, 2 Eiweiß, 2 – 3 Eßlöffel
Tafelöl, Froschschenkel (pro Person ca. 10 Stück)

Aus Mehl, Bier, Öl und Salz einen Teig bereiten und den geschlagenen Eischnee unterheben. Froschschenkel vorbereiten, mit Salz einreiben und in den frisch hergestellten Bierteig tauchen. In heißem Fett schwimmend etwa 6 – 8 Minuten backen. Mit Haushaltspapier entfetten und sofort heiß auftragen.

Anmerkung: Statt mit Bier kann der Teig auch mit Wein zubereitet werden.

Froschschenkel in Weinsoße

Froschschenkel (ca. 10 pro Person), 2 Schalotten, Butter,
Salz, Pfeffer, Mehl, Badischer herber Weißwein (Menge je
nach Anzahl der Froschschenkel), Crème fraiche

Schalotten sehr fein schneiden und in heißer Butter angehen lassen. Die vorbereiteten Froschschenkel salzen, mit frisch gemahlenem Pfeffer bestreuen und in der Butter auf beiden Seiten leicht anbraten. Mit etwas Mehl bestäuben, das leicht Farbe nehmen muß; mit Wein ablöschen. Einige Minuten ziehen lassen und die Weinsoße mit etwas Crème fraiche binden.

93

Notizen & weitere Rezepte:

Notizen & weitere Rezepte:

O Elsässer.

Gemüse und Eintöpfe

Pforzheim

Spargel nach badischer Art

1 kg frischer Spargel, 100 g sehr dünn geschnittener Schwarzwälder Schinken, 150 g Mehl, 2 Eier, 1/4 l Mineralwasser, Salz, Bratfett, Petersilie

Spargel schälen, nicht zu weich garen und abtropfen lassen. Auf einer Platte warm stellen. Aus Mehl, Eiern, einer Prise Salz und Mineralwasser einen dünnflüssigen Pfannkuchenteig herstellen und daraus dünne, handtellergroße Küchle backen. Spargel auf Portionstellern anrichten, mit den kleinen Pfannkuchen belegen, mit gerollten Schinkenscheiben garnieren und mit gehackter Petersilie bestreuen.

Sehr gut als pikante Vorspeise

Spargel mit Schinkencrème

1 kg frischer Spargel, 4 Eßlöffel Butter, 2 Schalotten, 1 Tasse Spargelbrühe, 4 Scheiben gekochter Schinken, 1/2 Tasse Sahne, Salz, Pfeffer, 2 Eßlöffel Crème fraiche, 2 Eigelb

Spargel vorbereiten und in Salzwasser mit etwas Butter und einer Prise Zucker garen. Schalotten in der Zwischenzeit sehr fein hacken, in heißer Butter dünsten und mit Spargelbrühe ablöschen. Etwa 10 Minuten einköcheln lassen. Schinken sehr fein schneiden und mit der Sahne zu den Zwiebeln geben. Mit Salz und frisch gemahlenem Pfeffer würzen, zum Verfeinern Crème fraiche unterziehen und mit den Eigelb legieren. Spargel herausnehmen, abtropfen lassen und auf einer vorgewärmten Platte anrichten. Schinkencrème heiß über den Spargel gießen und sofort servieren.

Schwetzinger Spargel auf Blattspinat

1 kg frischer Spargel, 500 g frischer Blattspinat, 200 g ge-
kochter Schinken, 1/4 l weiße Soße

Spargel schälen und in Salzwasser (dem man eine Prise Zucker und
1 Teelöffel Butter zugegeben hat) garen. Abtropfen lassen und warm stellen. Aus dem Spargelwasser eine weiße Soße herstellen und mit dem
sehr fein geschnittenen Schinken mischen. Spinat waschen und in einem
Topf nur einmal kurz aufwallen lassen. Mit Salz, Pfeffer und etwas Knoblauch würzen und auf einer vorgewärmten Platte vorsichtig anrichten.
Spargelstangen portionsweise auf dem Spinat verteilen und die untere
Hälfte der Stangen mit der Schinkensoße begießen. Sofort heiß servieren.

Freiburger Spargelgericht

1 kg Spargel, 400 g roher Schinken, 2 Eßlöffel Butter,
Mehl, Salz, Pfeffer, Spargelwasser, 1/8 l Sahne, 1 Eigelb

Spargel schälen und in Salzwasser garen. Herausnehmen, gut abtropfen
und auf einer vorgewärmten Platte oder in einer feuerfesten Form anrichten. Schinken zu Röllchen formen und über dem Spargel garnieren.
Aus Butter und Mehl eine helle Mehlschwitze herstellen und mit Spargelwasser ablöschen. Gut durchkochen, würzen und mit Sahne verfeinern. Mit einem Eigelb legieren und über den Spargel gießen.

Badisches Pilzsoufflé

1 kg frische Mischpilze, 2 Eßlöffel Butter, Salz, Pfeffer, Pe-
tersilie, 2 Eier, 2 Eßlöffel Mehl, 1/2 Tasse Sahne, 1 Eck-
chen Streichkäse, Butterflöckchen

Pilze vorbereiten und feinblättrig schneiden. In heißer Butter bei mäßiger Hitzezufuhr dünsten und mit Salz und frisch gemahlenem weißen
Pfeffer würzen. Feingehackte Petersilie unterziehen. Pilze in eine gebutterte, feuerfeste Auflaufform füllen. Eigelb, Mehl und Sahne verrühren,
Eischnee unterziehen und diese Masse über die Pilze geben. Käse- und
Butterflöckchen darauf verteilen und im vorgeheizten Backofen goldgelb überbacken.

Pilze, gedämpft

*500 g frische Mischpilze, 2 Schalotten, 2 Eßlöffel Butter,
Pfeffer, Salz, Mehl, 4 Eßlöffel süßer Rahm, Petersilie*

Pilze putzen und eventuell klein schneiden. Schalotten fein hacken und
in der Butter angehen lassen. Pilze zugeben und bei geschlossenem Dek-
kel etwa 10 – 15 Minuten im eigenen Saft dämpfen. Pilze leicht mit Mehl
bestäuben, mit Rahm binden und kurz aufkochen. Abschmecken und
mit gehackter Petersilie bestreut servieren.

Pilzschnitzel

*8 größere Pilzhüte, 2 Eier, Salz, Pfeffer, Semmelbrösel,
Fett zum Ausbacken, Zitronenscheiben, Petersilie*

Pilzhüte säubern und in verquirltem Ei, welches mit Salz und Pfeffer gewürzt wurde, wenden. In Semmelbrösel legen und diese fest in die Pilze
eindrücken. Fett (am besten eine Öl-Butter-Mischung) erhitzen und
die Pilzschnitzel auf beiden Seiten goldbraun ausbacken. Mit Zitronenscheiben und Petersilie garniert heiß servieren.

Badisches Lauchgemüse

*4 dicke Stangen Lauch, 8 Scheiben gekochter Schinken,
1/4 l Bechamel- oder Buttersoße, Petersilie*

Lauchstangen vorbereiten und jede in zwei etwa 12 cm lange Stücke
schneiden. In Salzwasser nicht zu weich kochen und abtropfen lassen.
Jeweils ein Lauchstück mit einer Schinkenscheibe umwickeln, in eine
gebutterte Auflaufform legen und mit der vorher zubereiteten Soße
übergießen. Mit Butterflöckchen belegen und im vorgeheizten Backofen noch kurz gratinieren. Mit feingehackter Petersilie bestreuen und in
der Auflaufform zu Kartoffelpüree servieren.

Badische Krautwickel

8 große Weißkrautblätter, 250 g Schweinemett, Salz, Pfeffer, 1 Ei, 2 Zwiebeln, Petersilie, Majoran, 8 Scheiben geräucherter Bauchspeck, Butter, Kümmel

Aus dem Hackfleisch, den angedünsteten Zwiebeln, dem Ei, Salz, frisch gemahlenem Pfeffer, Majoran und gehackter Petersilie eine Fleischfarce bereiten. Krautblätter von den harten Mittelstreifen befreien, kurz in heißem Salzwasser blanchieren und mit der Farce füllen. Einwickeln und mit Holzstäbchen zusammenstecken (man kann auch Bindfaden verwenden). Je eine Scheibe Bauchspeck um die Krautwickel legen und in eine gebutterte Auflaufform oder in eine Kasserolle setzen. Mit Kümmel bestreuen, Butterflöckchen darübergeben und im vorgeheizten Backofen garen, bis der Speck knusprig ist. Dazu Kartoffelschnee servieren.

Badischer Möhreneintopf

750 g Schweinehals, 2 Eßlöffel Butter, 250 g Kartoffeln, 500 g Möhren, 1/2 Sellerieknolle, 2 Zwiebeln, Salz, Pfeffer, Butterflöckchen, 50 g geriebener Käse, 1/4 l Essigbeize aus Essig, Salz, Gewürzkörnern und Lorbeerblatt

Den Schweinehals etwa 2 Tage in ein enges Gefäß legen und mit der Beize bedecken. Danach Fleisch herausnehmen und gut abtropfen. Eine gebutterte Auflaufform mit Kartoffelscheiben, Sellerie-, Möhrenscheiben und dem Fleisch auslegen und die Zwiebelscheiben auf dem Fleisch gleichmäßig verteilen. Mit Kartoffelscheiben abschließen. Salzen, pfeffern. Beize durch ein Sieb darübergeben, Butterflöckchen darauf verteilen und im vorgeheizten Backofen bei guter Mittelhitze garen. Den Deckel nun abnehmen, Käse über das Gericht streuen und noch kurz im Ofen gratinieren, bis sich eine braune Kruste bildet. Mit gehackter Petersilie bestreut servieren.

Dazu schmeckt geräucherter Bauchspeck

Badischer Kartoffeleintopf

*750 g Speisekartoffeln, 1 Sellerieknolle, 4 große Möhren,
4 kleine Stangen Lauch, 1 1/2 l Fleischbrühe, Salz, Pfeffer,
Majoran, Muskat, Petersilie*

Kartoffeln schälen und in kleine Würfel schneiden. Gemüse putzen und
klein schneiden. Alles in der Fleischbrühe garen und pikant würzen. Mit
Petersilie bestreut servieren.

Ochsenschwanzeintopf

1 kg Ochsenschwanz, 100 g Schwarzwälder Speck, 1 1/2 l Rindfleischbrühe, 250 g junge Linsen, 250 g rohe Kartoffeln, 1 Eßlöffel Schweineschmalz, 1 Zwiebel, 1 Knoblauchzehe, 2 Stangen Lauch, 2 Möhren, Salz, Pfeffer, Majoran, 1/4 l Rotwein, 1/8 l saurer Rahm

Linsen einweichen, dann mit den Kartoffel- und Schinkenspeckwürfeln in der Fleischbrühe weich kochen. In heißem Schmalz die Ochsenschwanzstücke anbraten, danach das kleingeschnittene Gemüse mit der Zwiebel zugeben. Würzen und einige Minuten angehen lassen. Mit Rotwein ablöschen und mit Fleischbrühe auffüllen, bis alles bedeckt ist. Zugedeckt bei mäßiger Hitzezufuhr weich dünsten. Ochsenschwanzstücke herausnehmen und das Fleisch von den Knochen lösen. Fleisch, Gemüse, Linsen und Kartoffeln mit der Soße in einen Topf geben, aufkochen und kräftig abschmecken. Mit Rahm verfeinern und sehr heiß servieren.

Schwarzwälder Linsentopf

400 g Linsen, Fleischbrühe, 1 gespickte Zwiebel (mit Nelken), 2 Eßlöffel Schweineschmalz, Mehl, Salz, Essig, geräucherter Bauchspeck

Linsen mit der gespickten Zwiebel in Fleischbrühe gar kochen. Aus Schmalz und Mehl eine dunkle Mehlschwitze herstellen, mit Brühe ablöschen und gut durchkochen. Linsen dazugeben und mit Salz und Essig würzig abschmecken. Dazu in Scheiben geschnittenen, geräucherten Bauchspeck reichen.

Erbse, Bohne, Linse
wie m'rskocht, so sind se!

Badisches Bohnengericht

750 g frische, zarte Stangenbohnen, Bohnenkraut, Salz,
Pfeffer, neue Kartoffeln, Butter, frische Matjesfilets

Die jungen Bohnen werden im Ganzen mit Bohnenkraut und reichlich Salz so weit gegart, daß sie noch Biß haben. Danach das Wasser abgießen, Bohnen abschrecken und mit gemahlenem Pfeffer, evtl. noch Salz und etwas gehacktem Bohnenkraut würzen. Mit frischer Butter verfeinern. Dazu gekochte, neue Kartoffeln mit Butter und Matjesfilets reichen.

Schmeck besonders
im Juni, wenn es
die besten Matjes gibt

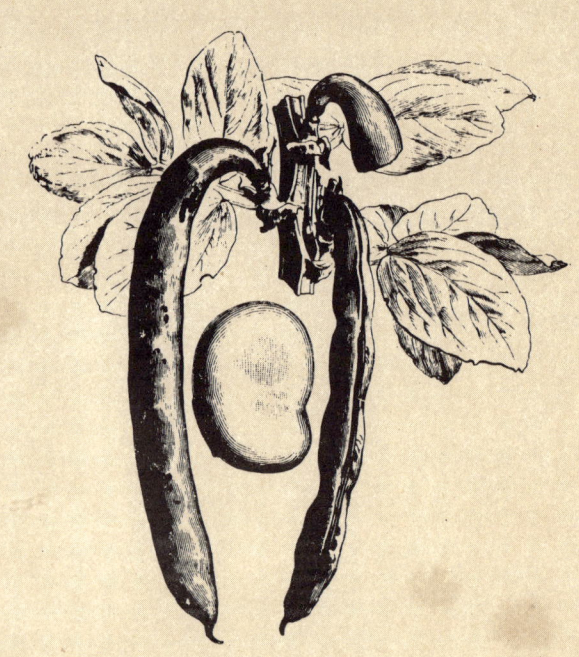

Notizen & weitere Rezepte:

fig · 9

Kuchen und Gebäck

Altbreisach vor 1839

Bühler Zwetschgenkuchen

500 g Mehl, 40 g Hefe, 100 g Zucker, 1/4 l Milch, 50 g But-
ter, 2 kg Bühler Zwetschgen, 2 Eßlöffel Zwetschgenwasser
Für die Streusel: 100 g Mehl, 100 g Butter, 100 g Zucker

Mehl in eine Schüssel sieben und in eine Vertiefung die in 4 Eßlöffeln warmen Wassers aufgelöste Hefe geben. Mit etwas Mehl zu einem Vorteig rühren. Zugedeckt etwas gehen lassen. Zerlassene Butter, Zucker und warme Milch darübergießen, durchmischen und den Teig kneten. So lange schlagen, bis er Blasen wirft. In der Schüssel zugedeckt an einem warmen Ort gehen lassen, und zwar bis zur doppelten Größe. Teig ausrollen, bis er die Flächenausmaße des Backblechs hat. Zweimal zusammenschlagen, nochmals ausrollen und auf ein gut gebuttertes Backblech legen. Zwetschgen waschen, halbieren und entsteinen. Sehr eng auf den Teig legen. Aus den angegebenen Zutaten Streusel herstellen. Zwetschgenwasser über die Zwetschgen sprenkeln, Streusel auf dem Kuchen verteilen und bei guter Mittelhitze etwa 40 Minuten im Backofen backen.

früher gab es Wähen
so groß wie Wagenräder

Badische Apfelwähe

250 Mehl, 125 g Butter, 4 Eßlöffel Mineralwasser, 1/2 Tee-
löffel Salz, 750 g mürbe, säuerliche Äpfel, 75 g Zucker,
2 Eßlöffel gemahlene Haselnußkerne, 60 g Semmelbrösel,
1/8 l süße Sahne, 1 Ei, 2 Eigelb, 2 Eßlöffel Kartoffelmehl,
2 Eßlöffel Aprikosenmarmelade, 1 Eßlöffel Weinbrand

Mehl, Butter, Mineralwasser und Salz in eine Schüssel geben und zu einem glatten Teig kneten. Diesen im Kühlschrank für kurze Zeit kalt stellen. In der Zwischenzeit die Äpfel schälen und in sehr dünne Scheiben schneiden. Teig zu einer runden Platte auswellen, in eine gefettete, flache Kuchenform geben, den Teig am Rand hochdrücken und mit einer Gabel mehrmals einstechen. Im vorgeheizten Backofen ca. 15 Minuten backen. Kurz abkühlen lassen und mit einer Schicht aus Semmelbröseln sowie gemahlenen Nüssen bedecken. Apfelscheiben darüber verteilen und mit Zucker bestreuen. Etwa 20 Minuten im Backofen bei mittlerer Temperatur backen. Nun werden die Sahne, die Eigelb sowie das Ei mit dem Kartoffelmehl verquirlt und über die Äpfel gegossen. Wähe wieder in den Ofen schieben und ca. 15 Minuten fertig backen. Marmelade mit Weinbrand glattrühren und über den noch heißen Kuchen streichen.

Bühler Pflaumentorte

100 g Zucker, 2 Päckchen Vanillinzucker, 5 Eier, 4 Eßlöffel Semmelbrösel, 150 g geriebene Haselnüsse, 1/2 Fläschchen Rum-Aroma (oder 1 Eßlöffel Rum), 1 Messerspitze Muskat
Für die Fülle: 1 1/2 kg Pflaumen, 50 g Zucker, 1/2 Teelöffel Zimt, 1/4 l Wasser, 1 Eßlöffel Zwetschgenwasser, 3 Eßlöffel Stärkemehl, 1/4 l süße Sahne, etwas Vanillinzucker, 4 Blatt Gelatine
Für die Garnitur: 1/4 l süße Sahne, 50 g feinblättrig geschnittene Mandeln

Eigelb mit dem Zucker und dem Vanillinzucker schaumig rühren. Eiweiß zu Schnee steif schlagen und mit den Semmelbröseln, Nüssen, Muskat und Rum-Aroma vorsichtig unter die Eier-Zucker-Masse heben. Eine Springform mit Folie oder Pergamentpapier auslegen und den Teig einfüllen. Im vorgeheizten Backofen eine halbe Stunde bei mittlerer Hitze backen. Mit einem scharfen Messer den abgekühlten Teigboden auseinanderschneiden. Pflaumen für die Füllung entsteinen und halbieren. Mit Zucker, Zimt, Zwetschgenwasser und Wasser gar kochen und über ein Sieb zum Abtropfen geben. Saft auffangen und mit in Wasser angerührtem Stärkemehl binden. Erkalten lassen und Pflaumen dazugeben. Die Hälfte der Sahne schlagen, mit Vanillinzucker süßen und mit eingeweichter Gelatine binden. Über die Pflaumenmasse geben und zweite Teigplatte darauflegen. Restliche Sahne schlagen, zuckern und die ganze Torte damit überziehen. Torte mit halbierten Pflaumen und Sahneklecksen garnieren und die Mandeln am Tortenrand verteilen. Gut gekühlt servieren.

Freiburger Birnensaftkuchen

250 g Mehl, 125 g Butter, 75 g Zucker, 1 Ei, 1 Prise Salz
Für die Garnitur: 1/2 l Milch, 1/2 l Birnensaft, 50 g Zucker,
2 Päckchen Puddingpulver (Sahne-Geschmack), 2 Eigelb,
1 weiche, reife Birne

Aus Mehl, Butter, Zucker und Ei einen glatten Teig herstellen, eine Prise Salz zugeben und kurz kalt stellen. Auswellen, in eine gefettete Spring-form geben und einen Rand hochziehen. Milch erhitzen und Birnensaft, Zucker und Puddingpulver glattrühren. In die von der Kochstelle genommene Milch einrühren, kurz aufkochen lassen und die Eigelb in die nicht mehr kochende Puddingmasse vorsichtig unterziehen. Abküh-len lassen und auf den Teigboden streichen. Birne in feine Längsstreifen schneiden, in die Masse drücken und im vorgeheizten Backofen auf der unteren Schiene etwa 45 Minuten backen.

Badische Weintorte

250 g Zucker, 8 Eier, 150 g geriebene Mandeln, 50 g Oran-
geat, 50 g Zitronat, 150 g geröstetes, geriebenes Schwarz-
brot (in 1/4 l Weißwein getränkt), 1 Teelöffel Zimt, 1/8 l
badischer Weißwein, 2 Eßlöffel Zucker

Zucker mit den Eigelb schaumig rühren. Die übrigen Zutaten zugeben und zuletzt den steifgeschlagenen Eischnee unterziehen. (Orangeat und Zitronat sollten in kleine Würfel geschnitten werden.) Masse in eine vor-bereitete Tortenform geben und im Backofen bei Mittelhitze 1 Stun-de backen. Torte aus dem Backofen nehmen und mit heißem, gesüßten Wein übergießen (1/8 l Wein – 2 Eßlöffel Zucker). Einen Tag stehen las-sen und mit folgender Fondantglasur überziehen:
In einem beschichteten Töpfchen 250 g Zucker und 1/8 l Weißwein ko-chen, bis es Blasen wirft, dann in kaltes Wasser stellen und rasch zu einer milchig-weißen Masse rühren. Über die Torte laufen lassen und mit Weintrauben garnieren.

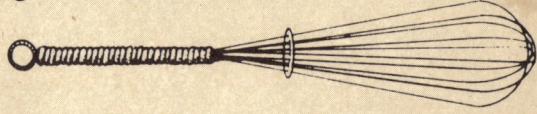

Schwarzwald-Torte

150 g Mehl, 150 g Zucker, 125 g Butter, 3 Eier, 50 g Kakao-
pulver, 1/2 Päckchen Backpulver, 1/2 l süße Sahne, 100 g
Milchschokolade

Butter und Zucker schaumig rühren. Die 3 Eigelb unterziehen und mit
Mehl, Kakao und Backpulver zu einem glatten Teig verrühren. Eiweiß zu
Eischnee schlagen und vorsichtig unter den Teig heben. Diesen in eine
gefettete Springform füllen. Im vorgeheizten Backofen auf der mittleren
Schiene etwa 30 Minuten backen. Aus der Springform lösen und abküh-
len lassen. Mit einem Zwirnsfaden in 2 gleichhohe Tortenböden teilen.
Diese mit der sehr steif geschlagenen Sahne füllen, mit der restlichen
Sahne bestreichen und mit grob geraspelter Schokolade bestreuen. Gut
gekühlt servieren.

Badische Apfelrolle

250 g Mehl, 1 Ei, 1/8 l Wasser, 75 g zerlassene Butter, 1 Pri-
se Salz, 600 g mürbe, säuerliche Äpfel, 2 Eßlöffel Zucker,
1/2 Teelöffel Zimt, 4 Eßlöffel feingehackte Mandeln, 4 Eß-
löffel Rosinen, 150 g Orangengelee, 3 Eßlöffel Butter, 1 Ei-
gelb

Aus Mehl, Ei, Wasser, Butter und Salz einen Teig kneten. Gut schlagen
und eine halbe Stunde ruhen lassen. In der Zwischenzeit die Äpfel schälen und in sehr dünne Scheiben schneiden. Mit Zucker, Zimt, Rosinen
und Mandeln mischen. Danach den Teig hauchdünn auf einem Geschirrtuch auswellen und mit 2 Eßlöffeln zerlassener Butter bestreichen, dann nacheinander das Orangengelee und die Apfelmasse darauf
verteilen. Mit Hilfe des Tuches zu einer Rolle formen und an beiden Enden den Teig gut andrücken. Backblech nun mit der restlichen Butter
einfetten, Apfelrolle darauflegen und mit dem Eigelb bestreichen. Bei
mittlerer Hitze im vorgeheizten Backofen eine gute halbe Stunde bakken. Noch warm mit Puderzucker bestreuen. Warm oder kalt mit heißer
Vanillesoße servieren.

Käsekuchen, Rheingauer Art

300 g 20%iger Quark, 250 g Zucker, 1/8 l saurer Rahm,
8 Eier, 50 g Stärkemehl, 100 g Rosinen, 50 g geschälte,
geriebene Mandeln

Zucker und Eigelb schaumig rühren, Rahm zugeben und mit dem
Quark, dem Stärkemehl und den Mandeln sowie den gewaschenen Rosinen gut vermischen. Eiweiß sehr steif schlagen und vorsichtig unterheben. Die ganze Masse in eine gebutterte Tortenform geben und ca. 1
Stunde bei mäßiger Hitzezufuhr backen.

Alemannischer Zwiebelkuchen

8 große Zwiebeln, 300 g Blätterteig (tiefgekühlt), 150 g
Butter, 1/4 l saurer Rahm, 4 Eßlöffel Apfelmost, 3 Eier,
4 Eßlöffel Stärkemehl, Salz, Pfeffer, Kümmel

Den aufgetauten Blätterteig rund auswellen und in ein Kuchenblech mit
Wellenrand legen. Die in Scheiben geschnittenen Zwiebeln in Butter fast
gar dünsten. Erkalten lassen und Rahm, Most, verquirlte Eier und
Stärkemehl darunterziehen. Zwiebelmasse auf den Teigboden geben
und mit den Gewürzen bestreuen. Im vorgeheizten Backofen bei starker
Hitze (250 Grad) etwa 25 Minuten backen und warm servieren.

Springerle

500 g Mehl, 500 g Zucker, 4 Eier, Schale einer Zitrone,
60 g geschnittene Mandeln, 1 Messerspitze gemahlene Nel-
ken, 15 g Zimt

Eiweiß steif schlagen, mit Zucker und Eigelb gründlich verrühren und
die restlichen Zutaten untermischen. Zitronenschale abreiben und die
sehr fein geschnittenen Mandeln unterheben. Teig bearbeiten, bis er geschmeidig ist und 1 Stunde kalt stellen. Auswellen und die bemehlten
Springerleformen (Model) in den Teig drücken. Auf ein mit Butter bestrichenes Blech legen und über Nacht ruhen lassen. Backofen nicht zu
stark erhitzen, Springerle die ersten 20 Minuten bei halb geöffneter
Tür backen, dann bei mittlerer Hitze und geschlossener Tür fertig bakken.

Walldürner Honigkuchen

2 kg Mehl, 600 g Zucker, 8 Eier, 1 kg Waldhonig, 250 g geschnittene Mandeln, 60 g Zitronat, 60 g Orangeat, 30 g Zimt, 1 Teelöffel Nelken, 1/2 geriebene Muskatnuß, abgeriebene Zitronenschale, 4 Eßlöffel Schwarzwälder Kirschwasser, 100 g geschälte, ganze Mandeln

Eier und Zucker schaumig rühren. Die übrigen Zutaten in eine große Schüssel zu dem erwärmten Honig geben und alles zu einem glatten Teig verarbeiten. Diesen über Nacht stehen lassen und dann in der Größe des Backbleches etwa 1 cm dick auswellen. Mit den ganzen Mandeln garnieren und im Backofen langsam backen. Erst in Portionsstücke schneiden, wenn der Kuchen erkaltet ist.

Hutzelbrot

500 g Roggenmehl, 500 g getrocknete Zwetschgen, 750 g getrocknete Birnenschnitze, 500 g Feigen, 150 g Zucker, 40 g Hefe, 1 Prise Salz, 1 Teelöffel Anis, 20 g Zimt, 1 Teelöffel Nelken (gemahlen), 2 Eßlöffel Kirschwasser, 250 g Korinthen, 250 g Rosinen, 500 g gehackte Nüsse (Haselnüsse und Mandeln), je 40 g Orangeat und Zitronat

Die Zwetschgen und Birnen werden am Vortage eingeweicht. Zwetschgen entsteinen, Birnen etwa 15 Minuten im Einweichwasser köcheln, dann über die Zwetschgen und Feigen geben. Eine Zeitlang ziehen lassen, dann die Früchte in kleine Würfel schneiden. Mehl in eine Schüssel geben, eine kleine Vertiefung machen und die Hefe in etwas erwärmtem Einweichwasser verrühren. Kurz ruhen lassen, dann die restlichen Zutaten beifügen und einen festen Teig daraus kneten. Eventuell wenig erwärmtes Einweichwasser zugießen. Teig warm stellen und gehen lassen, bis sich kleine Risse zeigen. Aus dem Teig nun kleine Laibe formen, in Mehl wenden und über Nacht stehen lassen. Bei mittlerer Hitzezufuhr etwa 1 1/2 Stunden backen. Herausnehmen und mit Einweichwasser bestreichen, dann noch einige Tage stehen lassen, bevor das Hutzelbrot, in Scheiben geschnitten und eventuell mit Butter bestrichen, verzehrt werden kann.

Notizen & weitere Rezepte:

Notizen & weitere Rezepte:

fig · 10 **Küchle, Scherben, Kräp**

Badener Chräbeli

250 g Mehl, 250 g Zucker, 2 Eier, 1 Eßlöffel Anis (ganz),
1 Zitrone, Puderzucker,

Eier und Zucker schaumig rühren und die Aniskörner, abgeriebene Zitronenschale und Mehl untermischen. Teig gut durchkneten und zu fingerdicken Röllchen formen. Auf ein bemehltes Backblech legen, zu Halbmonden formen und auf der Oberseite dreimal schräg einschneiden. Über Nacht an einem warmen Ort stehen lassen und am nächsten Tag im vorgeheizten Backofen etwa 20 bis 25 Minuten backen. Noch warm, leicht mit Puderzucker bestreuen.

Badische Scherben

400 g Mehl, 4 Eigelb, 2 ganze Eier, 3 Eßlöffel saurer Rahm,
60 g Zucker, Fett zum Ausbacken, Zucker und Zimt

Eier, Zucker und Rahm werden gut verrührt und mit dem Mehl zu einem Teig verarbeitet. Auf einem Brett sehr dünn auswellen und mit einem Backrädchen etwa 10 cm lange und 5 cm breite verschobene Rechtecke ausschneiden. Mit einer Gabel einige Male anstechen und die Scherben dann in heißem Fett schwimmend ungefähr 3 Minuten backen. Auf Haushaltspapier entfetten und in einer Mischung aus Zucker und Zimt wenden.

Holderküchle

8 Holunderblüten, 150 g Mehl, 2 Eier, 1/8 l Milch, 2 Eßlöf-
fel Salatöl, 2 Eßlöffel Pflanzenfett, Puderzucker

Die Holunderblüten waschen, abtropfen und auf Haushaltspapier legen. Aus Mehl, Eigelb und Milch einen dickflüssigen Pfannkuchenteig herstellen, Öl zugeben und den Eischnee unterziehen. Pflanzenfett in einer Pfanne erhitzen, Holunderblüten am Stiel fassen, in den Teig tauchen und im heißen Fett ausbacken. Währenddessen mit einer Schere die nach oben stehenden Stiele abschneiden, anschließend die Holderküchle wenden und knusprig braten. Nach dem Abtropfen mit Puderzucker bestreut servieren.

Eine herrliche Überraschung,
die nur das Frühjahr bietet!

118

Schmalzküchle

500 g Mehl, 1/4 l Milch, 20 g Hefe, 60 g Butter, 60 g Zucker, 2 Eier, Fett zum Ausbacken

Aus den Zutaten einen Hefeteig herstellen und gut gehen lassen. Den Teig 1/2 cm dick auswellen und mit einem Teigrädchen verschobene Rechtecke ausradeln. Zugedeckt nochmals gehen lassen. In heißem Fett schwimmend auf beiden Seiten knusprig ausbacken und abtropfen.

Ausgezogene Fastnachtsküchle

500 g Mehl, 25 g Hefe, 75 g Butter, 60 g Zucker, 1/8 l Milch, 1 Ei, Fett zum Ausbacken, Zucker zum Bestreuen

Aus den Zutaten einen Hefeteig bereiten und an einem warmen Ort gut gehen lassen. Den Teig auf einem Holzbrett gut fingerdick auswellen und mit einem in Mehl getauchtem Wasserglas Küchle ausstechen, welche nochmals kurz gehen sollten. In einer tiefen Pfanne reichlich Fett erhitzen. Die Küchle vor dem Einlegen ins heiße Fett über das mit einer Serviette bedeckte Knie ziehen und schwimmend goldgelb ausbacken. Auf Haushaltspapier abtropfen und noch heiß mit Zucker und eventuell Zimt bestreuen.

Anmerkung: Die Fastnachtsküchle können nicht nur rund, sondern auch als verschobene Rechtecke ausgeschnitten werden.

Alemannische Schenkele

400 g Mehl, 100 g Butter, 200 g Zucker, 3 Eier, 3 Eßlöffel Kirschwasser, Fett zum Ausbacken, Puderzucker

Aus Mehl, Butter, Zucker, Eiern und Kirschwasser einen Teig bereiten und auf eine Alufolie legen. Zu einer Rolle von 5 cm Breite und 2 cm Stärke formen und fest in die Folie einwickeln. 2 Stunden kalt stellen. Teig auswickeln, in 1 cm breite Streifen schneiden und diese mit leicht bemehlten Händen zu Röllchen formen. In heißem Backfett ausbacken, mit Puderzucker überstreuen und noch heiß servieren.

119

Sträubele (Straubaza)

300 g Mehl, 3 Eier, 1/4 l Milch, 1 Eßlöffel Zucker, 1 Prise
Salz, 50 g zerlassene Butter, Backfett, Zucker und Zimt

Aus Mehl, Eiern, Milch, Zucker, Salz und der zerlassenen Butter einen etwas dickeren Pfannkuchenteig bereiten und in einen Sträubelestrichter (oder einen Milchtopf mit Ausgießer) geben. In einer Pfanne reichlich Backfett erhitzen und den Teig schneckenförmig in das Fett einlaufen lassen. Die Schnecken oder Spiralen können zu beliebiger Größe geformt werden (Durchmesser von ca. 10 cm). Man bäckt die Sträubele auf beiden Seiten goldgelb, nimmt sie heraus und läßt sie gut abtropfen (eventuell auch auf Haushaltspapier entfetten). Noch heiß in einer Mischung aus Zucker und Zimt wenden.

Schneckennudeln

500 g Mehl, 50 g Zucker, 100 g Butter, 40 g Hefe, 1 Tasse
Milch, 2 Eier, 150 g Rosinen, 2 Eßlöffel Butter, 3 Eßlöffel
Zucker, Zimt, Eigelb zum Bestreichen

Aus Mehl, Zucker, Butter, Milch, Eiern und Hefe einen Hefeteig herstellen, gut gehen lassen und dünn auswellen. Mit 2 Eßlöffeln zerlassener Butter bestreichen, mit gewaschenen Rosinen bestreuen und 3 Eßlöffel Zucker mit Zimt vermischt darübergeben. Teig in 5 cm breite Streifen mit dem Teigrädchen schneiden (etwa 25 cm lang), die Streifen aufrollen und in eine gefettete Auflaufform setzen, gehen lassen und mit Eigelb oder zerlassener Butter bestreichen. Eine halbe Stunde im Backofen bakken, danach mit Zucker bestreuen.

Apfelkräpfle

*4 große, säuerliche Äpfel (z.B. Boskop), 3 Eßlöffel Zucker,
2 Päckchen Vanillinzucker, 4 Eßlöffel Weinbrand, Saft einer Zitrone, eine Prise gemahlener Zimt und gemahlene
Nelken, 4 Eßlöffel Rosinen, 2 Eier, 80 g Mehl, 2 Prisen
Salz, Butter zum Ausbacken*

Äpfel schälen, Kerngehäuse ausstechen und in dicke Ringe schneiden.
In eine Schale legen und mit 2 Eßlöffeln Zucker, dem Vanillinzucker,
Weinbrand, Zitronensaft und den gemahlenen Gewürzen vermischen.
Kurz darin ziehen lassen. In der Zwischenzeit die Rosinen waschen
und mit 3/8 l Wasser und 60 g Mehl glatt rühren. Eier, Salz und restlichen
Zucker zugeben. Restliches Mehl auf einen Teller geben. Darin die Apfelscheiben wenden, in den Teig tauchen und in einer Pfanne in reichlich
erhitzter Butter knusprig braten. Auf Haushaltspapier abtropfen lassen
und sofort heiß in Zucker wenden. Dazu Vanilleeis oder Vanillesoße servieren.

121

Weckschnitten

4 Brötchen, 200 g Mehl, 1/4 l Milch, 2 Eier, Salz, 1/2 l Weißwein, 3 Eßlöffel Zucker, Fett zum Ausbacken, Zucker, Zimt

Die Brötchen in etwa 1 cm dicke Scheiben schneiden und in den heißen Wein, den man mit Zucker gesüßt hat, eintauchen. Zum Abtropfen auf ein Sieb legen. Aus Mehl, Milch, Eigelb und Salz einen dicken Pfannkuchenteig herstellen und den steif geschlagenen Eischnee unterziehen. Die Weckschnitten darin wenden und in reichlich heißem Fett ausbakken. Auf Haushaltspapier abtropfen und mit einer Mischung aus Zucker und Zimt auf einer vorgewärmten Platte servieren.

Dampfnudeln

500 g Mehl, 2 Eier, 50 g Zucker, 100 g Butter, 1/8 l Milch, 20 g Hefe, 1 Teelöffel Salz

Aus Mehl, Zucker, zerlassener Butter, Eiern, Salz lauwarmer Milch und Hefe einen Teig herstellen, der geschlagen wird, bis er Blasen wirft und sich leicht von der Schüssel löst. Zugedeckt gehen lassen. Auf einem bemehlten Brett fingerdick auswellen und mit einem Weinglas Scheiben ausstechen. Nochmals gehen lassen. In einer schweren Kasserolle 1 Tasse Milch, 50 g Butter, 1 Eßlöffel Zucker und eine Prise Salz erhitzen, dann die Dampfnudeln dicht aneinander einsetzen. Fest verschlossen im vorgeheizten Backofen bei mittlerer Hitzezufuhr etwa 30 Minuten backen lassen, bis sie krachen. Vorsichtig den Deckel abnehmen und heiß mit Vanillesoße servieren.

Ortenauer Bettelmann

750 g Zwetschgen, 150 g Zucker, 1/2 Teelöffel Zimt, 1/2 Becher süße Sahne, 200 g Semmelbrösel, Butter, 1 Eßlöffel Zwetschgenwasser

Zwetschgen waschen, halbieren, entsteinen und mit Zucker und Zimt gut vermischen. Eine feuerfeste Auflaufform gut buttern, mit Semmelbröseln ausstreuen und eine Schicht Zwetschgen darüberlegen. Dies wiederholen, bis die Form gefüllt ist. Mit einer Schicht Semmelbrösel abschließen. Diese mit Zwetschgenwasser besprengen, mit Sahne begießen und mit Butterflöckchen belegen. Im vorgeheizten Backofen bei guter Mittelhitze etwa 50 Minuten backen.

Pfittele

1/4 l Wasser, 50 g Butter, 150 g Mehl, 4 Eier, 1 Prise Salz,
Fett zum Ausbacken, Zimt-Zucker-Mischung

Aus Wasser, Butter, Mehl, Salz und Eiern einen Brandteig herstellen. Mit einem Eßlöffel Klößchen ausstechen und in reichlich siedendes Fett einlegen. Die knusprigen „Pfittele", die sehr groß werden, herausnehmen, auf Haushaltspapier abtropfen lassen und mit Zimt-Zucker bestreuen. Dazu serviert man eine Weinschaumsoße.

Pfitzauf

200 g Mehl, 100 g Butter, 4 Eier, 1 Prise Salz, 3/8 l Milch,
Butter zum Bestreichen der Förmchen

Mehl mit 1/4 l Milch verrühren, die verquirlten Eier, Salz, zerlassene Butter (nicht heiß) und die restliche erwärmte Milch zugeben. Gut mischen und in gebutterte Pfitzaufförmchen halbvoll einfüllen. In den vorgeheizten Backofen stellen und bei guter Mittelhitze etwa 30 Minuten backen. Mit Zucker bestreuen und sofort heiß servieren.

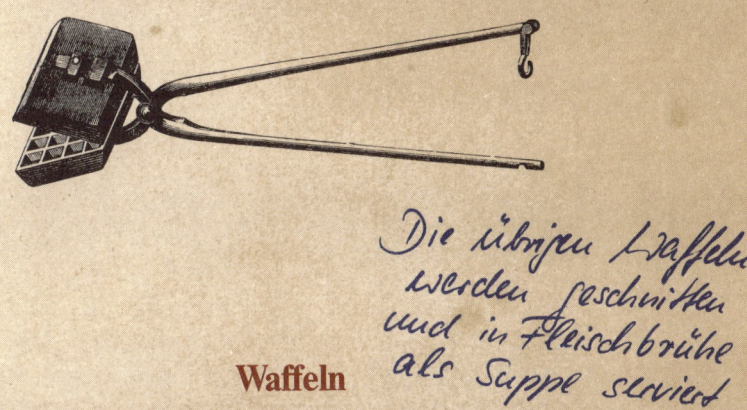

Die übrigen Waffeln werden geschnitten und in Fleischbrühe als Suppe serviert

Waffeln

250 g Mehl, 1/4 l Milch, 5 Eier, 1 Eßlöffel Zucker, 1 Prise
Salz, Fett zum Ausbacken, Zucker zum Bestreuen

Mehl, Milch, Eigelb und Zucker verrühren und mit der Prise Salz würzen. Eischnee steif schlagen und unterheben. Waffeleisen erhitzen, mit Fett bestreichen und Teig einfüllen. Die Waffeln aus dem Eisen nehmen, noch heiß mit Zucker bestreuen und sofort servieren.

123

Kirschenplotzer

250 g gekochte Kartoffeln, 125 g Zucker, 1 kg Kirschen, 5 Eier, 2 Eßlöffel Kirschwasser, Zucker zum Bestreuen

Die geschälten Kartoffeln fein reiben. Zucker und Eigelb schaumig rühren, Kirschwasser unterziehen. Die geriebenen Kartoffeln, Kirschen und die Ei-Zuckermasse mischen und vorsichtig den sehr steif geschlagenen Eischnee unterheben. Diese Masse in eine gut gebutterte Springfrom füllen und bei Mittelhitze etwa 50 Minuten im Backofen garen. Vor dem Servieren mit Puderzucker bestreuen.

Bühler Zwetschgenknöpfle

500 g Zwetschgen, 250 g Weißbrotwürfel, 3 Eier, 1/4 l Wasser, 3 Eßlöffel Mehl, 1 Prise Salz, Schweineschmalz, Zucker

Die Weißbrotwürfel mit heißem Wasser übergießen und ziehen lassen. Zwetschgen entsteinen und halbieren. Weißbrot ausdrücken und mit Mehl, Salz, Eiern und den Zwetschgen mischen. Mit einem Eßlöffel Knöpfle abstechen und in heißem Schweineschmalz knusprig backen. Vor dem Servieren mit Zucker bestreuen.

Badische Zwetschgenknödel

500 g Quark (Bibbeleskäs), 50 g Butter, 4 Eier, 2 Eßlöffel Mehl, Salz, Bühler Zwetschgen, Würfelzucker, 1 kleines Glas Zwetschgenwasser

Quark, flüssige Butter, Eigelb, etwas Salz und Mehl zu einem Teig verarbeiten und die steif geschlagenen Eiweiß unterheben. Den Teig auf einem gut bemehlten Blech dick auswellen und mit einem Glas Kreise ausstechen. Die entsteinten Zwetschgen mit einem in Zwetschgenwasser getränkten Würfelzuckerstück füllen, auf einen Teigkreis legen und mit dem Teig umhüllen. Zu kleinen ebenmäßigen Knödeln formen und in kochendes Salzwasser legen. Darin so lange ziehen lassen, bis die Knödel an der Oberfläche schwimmen. Mit einem Schaumlöffel herausnehmen. Mit in Butter gerösteten Semmelbröseln und Zucker bestreuen und sofort heiß servieren.

Weinschaumsoße mit Trauben

250 g helle Weintrauben, 1/4 l Badischer Weißwein, 150 g Zucker, 3 ganze Eier, 2 Eigelb, Zitronenschale, Zitronensaft

Trauben halbieren und von den Kernen vorsichtig befreien. Wein, Zucker und Eier auf dem Herd (am besten im Wasserbad) bei geringer Hitzezufuhr zu Weinschaum schlagen. Einige Tropfen Zitronensaft und etwas abgeriebene Zitronenschale unterziehen. Wenn die Weinschaumsoße cremig wird und aufzusteigen beginnt, vom Herd nehmen und in bereitstehende Portionsgläser füllen. Die vorbereiteten Trauben in die Crème sinken lassen. Einige ganze Trauben anfeuchten, in Zucker tauchen und damit den Glasrand verzieren. Sofort heiß zu Löffelbisquits oder Waffeln servieren.

Bühler Pflaumenpudding

600 g Pflaumen, 250 g Zucker, 6 Blatt rote Gelatine, Schale und Saft von 2 Zitronen, 3 Eßlöffel Zwetschgenwasser, 1/8 l Sahne, 2 Päckchen Vanillinzucker

Die entsteinten Pflaumen mit etwas Wasser 15 Minuten kochen. Gelatine in warmem Wasser einweichen und quellen lassen. Die Pflaumen durch ein Sieb drücken und das Pflaumenmus mit dem Zitronensaft und der abgeriebenen Zitronenschale sowie dem Zucker erhitzen. Vanillinzucker und Zwetschgenwasser zufügen, dann die aufgelöste Gelatine unterrühren. Die ganze Masse in eine kalt ausgespülte Puddingform füllen und abkühlen lassen. Pudding stürzen und mit Sahnehäubchen verziert servieren.

Da dringen lieblich aus der Küche

Bis an das Herz die Wohlgerüche.

Hier kann die Zunge fein und scharf

Sich nützlich machen und - sie darf.

W. Busch

Inhalt

Suppen

Knöpfle, Nudle, Spätzle und andere gute Sachen

Fische

Fleisch- und Wurstgerichte

Innereien

Wild und Geflügel

Schnecken und Froschschenkel

Gemüse und Eintöpfe

Kuchen und Gebäck

Küchle, Scherben, Kräpfle und weitere süße Spezialitäten

Wenn Sie sich für weitere Bücher aus unserem Verlag interessieren, schreiben Sie uns oder fragen Sie Ihren Buchhändler. Nachdem Sie dieses Buch kennengelernt haben, werden Ihnen sicher auch unsere anderen Titel zusagen, wobei Sie diejenigen, die wie das vorliegende Buch auch zur Landschaftsserie gehören, alle zu dem gleichen Preis erwerben können.

Eine kleine Überraschung haben wir noch für Sie. Sie können bei uns eine zu diesem Kochbuch passende Schürze bestellen, besonders zum Verschenken und Selberschenken. Sie wird Ihnen bestimmt gefallen.

Das Kochbuch aus Hamburg
Das Kochbuch vom Oberrhein
Das Kochbuch aus Berlin
Das Kochbuch aus dem Harz
Das Kochbuch aus der Eifel
Das Kochbuch aus München und Oberbayern
Das Kochbuch aus Franken

1. Vnſ. Frawen Münſter.
2. S. Nicolai Pfarkirch.
3. S. Peters Pfarkirch.
4. Der Spital.
5. Auguſtiner Cloſter.
6. S. Anthonius.
7. Barfüßer Cloſter.
8. Prediger Cloſter.
9. Alle Heyligen.
10. S. Iohannes.
11. Das Deütſche haüß.
12. Der Arm Spital.